L'obstination du témoignage

Jean Kahn

L'OBSTINATION DU TÉMOIGNAGE

A Monsieur le Secrétaire général du Conseil de l'Europe Terry Davis, en souvenir de l'accueil chaleureux qu'il lui a réservé et avec son hommage respectueux et dévoué.

Strasbourg le 21 Déc. 2004

Jean Kahn

Plon

ISBN 2.259.19786.8

« Qui répondrait en ce monde à la terrible obstination du crime si ce n'est l'obstination du témoignage ? »

Albert CAMUS.

À la fin de la guerre, lorsque me fut révélée la terrible réalité des camps de la mort nazis, je compris qu'il me faudrait témoigner jusqu'à la fin de mes jours. Un continent sans mémoire ne mérite pas la liberté. Or, nous avons tous un devoir de mémoire à l'égard des victimes de la Shoah. Les générations à venir, nos enfants du futur, devront connaître le passé pour toujours préserver cette liberté si précieuse et résister à toute forme d'oppression.

Tout au long de ma vie, j'ai été hanté par une idée : défendre et étendre les Droits de l'homme. J'espère être toujours un fidèle serviteur de cet idéal, un combattant efficace dans une lutte difficile, parfois tragique, au dénouement constamment incertain. La liberté n'a pas de prix et réclame une vigilance de chaque instant : les atteintes à la dignité humaine sont multiples et progressent parfois le visage masqué.

Jusqu'ici, plongé au cœur de l'action, je n'avais jamais songé à retracer mes campagnes, à expliquer la source de mes engagements, à commenter mes démarches, à évoquer mes rencontres... Alors que je n'avais cessé de me battre pour la mémoire, je me trouvais donc face à une réelle contradiction. Une évidence m'est soudainement apparue : il m'incombait l'obligation de livrer mon expérience à qui voudrait bien recueillir cette flamme. Une prise de conscience que je dois d'abord à mes fils, Daniel et François, dont les encouragements opiniâtres ont fini par me convaincre. Si le rôle des fils est d'interroger, le devoir du père n'est-il pas de transmettre ? Ainsi, alors que le soir approche, je sens poindre l'apaisement au fil de mes souvenirs...

Jean KAHN.

1

PREMIERS SOUFFLES

C'était à Strasbourg, à la table familiale du vendredi soir. Pour l'entrée du chabbath, jour sacré de la semaine juive, ma mère tendait la nappe blanche et allumait les deux bougies rituelles. Mon père, lui, invitait régulièrement des émigrés d'Europe centrale, infortunés voyageurs venus chercher sur la terre de France un peu de ce bonheur simple et tranquille que leur refusaient les délires antisémites des hordes polonaises, hongroises, roumaines ou ukrainiennes. En ces années d'avant guerre, la France, patrie de liberté, pays de la Révolution et de la Déclaration des droits de l'homme, jouissait d'un immense prestige auprès de ce judaïsme martyrisé. « Heureux comme Dieu en France », disait le dicton répété jusque dans les *shtetel* [1] de l'Est. Et comment ne pas y croire lorsque ces exclus trouvaient au bout du chemin la chaleur d'une communauté paisible et quelques subsides pour faire venir de là-bas leur famille menacée ?

1. « Petite ville » en yiddish. Il s'agit des villages d'Europe de l'Est où vivait une forte communauté juive.

Je n'avais pas dix ans et, aujourd'hui encore, il m'arrive de croire retrouver au fond de ma mémoire l'image floue de ces inconnus de passage venus partager notre repas du vendredi soir. Chacun de ces hommes portait les marques d'une histoire à la fois singulière et commune, banale et tragique. Comme dans un livre ouvert, je pouvais y lire les angoisses d'une existence à reconstruire, les tourments de la séparation, les appréhensions du lendemain, la douleur d'une dignité à reconquérir... Mais derrière les signes de cette incessante inquiétude, je percevais aussi leurs espérances à l'évocation d'une liberté nouvelle, leur joie à la perspective d'échapper enfin aux nations de haine où le péril les encerclait chaque jour davantage, leur bonheur à l'idée de s'intégrer dans la communauté nationale. En observant ces visages, j'imaginais l'histoire des uns et des autres, je tentais de découvrir quel avait été leur passé, je saisissais parfois un sentiment qui se murmurait dans un moment de confidence arraché à la pudeur, je captais une émotion contenue, une lueur d'espoir, une douleur muette. Et un mot revenait constamment dans la discussion des adultes, toujours le même : pogrom... pogrom... Atterré, je prenais conscience de la terrible réalité vécue par ces Juifs surgis de contrées lointaines. Un choc et une découverte : dans l'Alsace de mon enfance, je n'avais pratiquement jamais ressenti l'antisémitisme. De temps en temps, pourtant, je me faisais traiter de « sale Juif » par un camarade mal embouché, mais cela ne portait guère à conséquence et le ciel demeurait serein. Là-bas, au contraire, c'étaient des vies qui se jouaient dans les convulsions des guerres civiles et des fanatismes religieux.

Je n'ai jamais oublié ces dîners où se mêlaient la paix du chabbath, les drames du judaïsme, les itinéraires de l'existence, l'amitié, le don, le partage... Cette culture de l'accueil prônée par mes parents, leur générosité envers ceux qui se trouvaient en difficulté m'ont durablement impressionné. Sans doute ma vie entière a-t-elle été inspirée par ces gestes de solidarité totalement désintéressés, philosophie quotidienne et appliquée qui m'a ouvert l'esprit et fait découvrir le sens véritable de l'intelligence du cœur.

Je garde de la personnalité de mon père et de ma mère un impérissable souvenir. Oui, leur exemple ne cesse de conduire mes pas et guide chacune de mes décisions. Leur présence s'exerce en moi de diverses manières : par les valeurs qu'ils professaient et qui ont si bien résisté à l'épreuve du temps, par l'amour qu'ils ont su me donner, par leur leçon de courage aussi, quand il fallut, plus tard, résister à la peur quotidienne de la rafle sous l'occupation allemande.

Mes parents étaient profondément attachés à une morale humaniste simple mais fondamentale, celle qui ambitionnait d'ouvrir le cœur de l'homme à la fraternité, au respect de la personne humaine, à la recherche de la plénitude personnelle et collective. Plus que jamais, je considère ces notions comme essentielles. Dans notre société où les conflits et les inégalités se multiplient, dans notre monde confronté à des réalités complexes et changeantes, il me paraît primordial de maintenir hors du chaos ces valeurs universelles, comme des repères inébranlables garants de notre avenir.

Pour nous, ces valeurs prenaient leur source dans l'enseignement de la Torah [1] et des prophètes d'Israël. Je crois même avoir été capable de réciter l'*aleph-beth*, l'alphabet hébraïque, avant de savoir lire le français ! Un jeune professeur venait à la maison et m'inculquait les bases de la tradition. Le plus important à ses yeux était de me voir parvenir à pénétrer le sens profond et réel des textes sacrés, au-delà des apparences et de la superficialité. Un long travail qui réclame une attention particulière et une infinie patience, car la signification de certains écrits ne se révèle que dans la durée. Là aussi, j'estime avoir tiré de ces premières lectures un enseignement pour mon existence entière.

Fils unique, vivant dans un foyer aisé, mon enfance a été bercée dans le bonheur et une certaine insouciance, au moins jusqu'aux bouleversements de la période sombre de l'occupation allemande. Pourtant, avant de parvenir à une vie décente, réussissant dans le commerce du textile, mes parents avaient dû travailler dur, car ils étaient tous deux issus d'un milieu modeste.

Henriette, ma mère, avait peu connu sa propre mère, décédée alors qu'elle était encore gamine. Son père ayant rapidement annoncé son intention de mettre fin à son veuvage et de se remarier, la sœur de la disparue, Anna, décida de demeurer célibataire afin de consacrer toutes ses forces à ses deux nièces et à son neveu : elle redoutait plus que tout de voir les enfants confiés aux

1. En hébreu, littéralement « ce qui est enseigné ». Dans son sens restrictif, groupe les cinq Livres de Moïse (Genèse, Exode, Lévitique, Nombres, Deutéronome). Dans un sens plus large, elle est l'enseignement fondamental du judaïsme, y compris les traditions et les commentaires ajoutés plus tardivement par les maîtres.

mains d'une étrangère. Ma mère fut donc élevée par celle que tout le monde appelait « tante Anna ». Moi-même, j'ai passé dans ses bras quelques heures tendres en mes jeunes années, et j'en conserve un souvenir ému... J'évoque ces images intimes car le sacrifice de tante Anna déborde, me semble-t-il, le cadre de la simple anecdote familiale, il fait également partie de ces éléments qui ont conditionné la suite de mon parcours. En y réfléchissant plus tard, je compris combien la vie, dans certains cas, peut imposer de dévouement et quelle grandeur obscure il y a à répondre à cet appel. Je reste profondément persuadé, en effet, que la famille constitue l'un des socles structurants de la société. Et pas seulement la cellule familiale au sens strict, celle aussi, élargie, réunissant l'ensemble des relations humaines, les proches, les amis, les confidents ; bref, tout cet entourage chaleureux qui permet à chacun d'exister et de s'épanouir librement.

Jacques, mon père, était né à Mommenheim, bourgade proche de Strasbourg où vivait, depuis des temps immémoriaux, une importante communauté juive. Le grand homme du village, un cousin de mon grand-père, se nommait Zadoc Kahn. Je ne l'ai évidemment pas connu puisqu'il est mort en 1905 à l'âge de soixante-six ans, mais sa grande ombre plana longtemps sur la petite *schuhle* [1] campagnarde. Traducteur de la Bible, promoteur d'un judaïsme éclairé, actif dans les œuvres philanthropiques, il avait été un grand rabbin de France courageux au moment difficile de l'affaire Dreyfus,

1. Du mot allemand *schule* signifiant « école », désigne en yiddish alsacien la synagogue.

s'attirant à la fois les blâmes des notables juifs soucieux de discrétion, la haine de la presse antisémite et les attaques virulentes à la Chambre des députés. Contrairement à la plupart des rabbins de ce temps, il fut aussi un défenseur généreux du sionisme, voyant dans une Palestine régénérée un havre pour les Juifs persécutés : « Ne pas suivre avec intérêt le mouvement sioniste est d'un égoïsme féroce », avait-il écrit en 1897 aux militants qui se réunissaient à Bâle sous la houlette de Theodor Herzl, inspirateur de la renaissance nationale juive. Mon père conservait un souvenir vivace du vénérable grand rabbin, il se rappelait la maison en fête à chacun de ses retours à Mommenheim, terre devenue allemande à la suite de la guerre franco-prussienne de 1870. Comme les autres enfants, Jacques se précipitait vers le patriarche qui distribuait à chacun une pièce d'or... Je l'imagine, le vénérable Zadoc, soutane noire à collerette blanche et chapeau à large bord, tenue portée par tous les ecclésiastiques de l'époque, offrant son obole aux petits campagnards de cette province perdue dans laquelle perdurait l'amour de la France.

Si j'ai vu le jour à Strasbourg en 1929, j'ai bénéficié, par mes origines paternelles, de l'influence d'un judaïsme rural, simple dans sa relation au monde, authentique dans sa manière d'observer les traditions, attentif dans son approche de l'autre.

La relation entre les Juifs et l'Alsace est une longue histoire qui, si l'on en croit la légende, remonte à l'époque de l'invasion romaine. Peu avant la chute du Temple de Jérusalem en l'an 70 de notre ère, des Hébreux auraient été incorporés dans les troupes romaines pour y prendre en charge l'intendance. Les Juifs seraient par conséquent parmi les premiers habitants de cette région et le judaïsme alsacien l'un des plus anciens sur la terre d'Europe.

L'histoire juive demeure constamment présente dans toute l'Alsace et à Strasbourg particulièrement. Chronique faite de spoliations, d'exclusions, de périodes calmes et d'embrasements... Ne dit-on pas que la rue Brûlée évoquerait les deux mille Juifs montés sur le bûcher en 1349 pour avoir refusé le baptême ? Quant à la rue de la Nuée-Bleue, son nom rappellerait la nuée mystérieuse guidant hors des murailles les Juifs rescapés chassés de la ville peu après. En cette époque funeste, le saccage de la synagogue avait permis aux assaillants de mettre la main sur un *choffar*, la corne de bélier dont on sonne aux plus grandes solennités religieuses, notamment à *Roch Hachana*, le nouvel an, et à *Yom Kippour*, le jour du Grand Pardon. Les pillards s'imaginèrent que cette corne était destinée à lancer des appels à quelque ennemi inconnu, et pour célébrer cette prise extraordinaire, ils en firent confectionner deux répliques en bronze. La première devait désormais sonner à 20 heures pour signifier aux Juifs venus commercer dans la cité que le moment était venu pour eux de franchir les portes et de s'en retourner dans leurs villages, le hululement de la seconde retentissait à minuit et venait rappeler aux Strasbourgeois la prétendue trahison fomentée par la communauté juive. Cet usage du *Grüselhorn* – le cor sinistre – perdura quatre siècles durant.

Enfin, à la faveur de la Révolution, la Société strasbourgeoise des Amis, un club de réflexion politique comme il en existait tant à l'époque, s'éleva contre « cette odieuse corne dont le son lugubre se répand tous les soirs, à l'entrée de la nuit, du haut de la cathédrale, et porte la terreur dans l'âme de tous ceux dont les oreilles n'y sont pas habituées. Les préjugés dont le peuple de Strasbourg est imbu, sa haine aveugle contre les Juifs doivent en grande partie leur origine à l'impression qu'a faite sur les enfants le son de cette corne, aux ridicules histoires qu'on leur a racontées, et dont la tradition se conserve religieusement ». Peu après, le 18 juillet 1791, les magistrats de la ville décidaient de supprimer la pratique du *Grüselhorn*. Deux mois plus tard, à Paris, l'Assemblée nationale, par un vote quasi unanime, accordait aux Juifs la qualité de citoyens, leur permettant enfin d'habiter où ils le désiraient sur le territoire de la République. Les deux cors de bronze pouvaient être remisés au magasin des souvenirs et allaient entrer au musée de l'Œuvre Notre-Dame où l'on peut toujours les voir.

Cette interdiction d'habiter la ville, qui avait longtemps prévalu en Alsace, explique pourquoi les Juifs appartinrent très longtemps à de petites communautés rurales réparties dans quelque cent quatre-vingts villages de cette région de l'est de la France. Jadis, rejetés par les chrétiens, les Juifs n'avaient pas accès aux corporations, et leurs activités professionnelles se limitaient aux seuls métiers de fripier, négociant en bétail, maquignon, négociant en fourrage ou prêteur sur gages, autant d'occupations qui, pour la plupart, souffraient d'une déplorable réputation.

Aujourd'hui, il ne reste pratiquement rien de ce judaïsme campagnard. Dès le début du XXe siècle, un exode rural commença à vider les terres alsaciennes de leurs Juifs, puis les bouleversements de la Seconde Guerre mondiale, les déportations et les chambres à gaz achevèrent de détruire ces communautés. Il existe encore moins d'une centaine de synagogues dans les villages, presque toutes abandonnées, transformées en bibliothèque, en gymnase ou en caserne de pompiers. Parfois aussi en musée local. Alors, dans ce dernier cas, nous demandons qu'une vitrine au moins soit consacrée au judaïsme, ultime souvenir d'une présence disparue. Depuis une dizaine d'années, un mouvement de préservation de ce patrimoine permet de restaurer de nombreux lieux de culte abandonnés et, dans le cadre de mes responsabilités au consistoire israélite du Bas-Rhin, je m'efforce de contribuer à cette action de sauvetage. Durant trop longtemps, l'oubli et l'indifférence ont prévalu : le judaïsme d'après guerre, tout occupé à la reconstruction, n'avait ni le loisir ni les moyens matériels de se soucier de son passé. Aujourd'hui, certaines petites synagogues fermées depuis des lustres, délaissées, décrépites, ruinées, sont remises en état pour être visitées par des touristes nostalgiques venus de tous les continents sur les traces de leurs racines.

Pour ma part, je ne conserve du judaïsme strasbourgeois d'avant guerre que l'image de la grande synagogue du quai Kléber avec sa flèche, ses tourelles et sa rosace, vaste bâtiment du XIXe siècle incendié par les nazis et dont seule une pierre gravée marque aujourd'hui l'emplacement. Je me souviens de l'intronisation, en juin 1939, de René Hirschler, nouveau grand rabbin de Strasbourg et du Bas-Rhin. Il a prononcé un discours auquel j'ai assisté, accompagné de mon père, et si les paroles du grand rabbin se sont effacées de ma mémoire – je n'avais que dix ans – je me rappelle parfaitement en revanche l'effet qu'elles firent sur l'assemblée des fidèles : de l'avis unanime, nous venions d'entendre le plus émouvant et le plus beau de tous les sermons. À n'en pas douter, le Marseillais René Hirschler allait devenir une forte personnalité du judaïsme alsacien...

Hélas, ce jour-là, le grand rabbin dirigeait une importante cérémonie dans sa synagogue pour la seule et unique fois. Début septembre, la guerre éclatait. La suite appartient à la grande Histoire. Strasbourg était évacuée le 3 septembre 1939 ; au mois de mai 1940, les troupes alliées se voyaient prises à revers par l'armée allemande dans les Flandres ; le 4 juin, Dunkerque tombait aux mains de l'ennemi, les Allemands faisaient cinquante mille prisonniers après avoir coulé deux cents navires et abattu une centaine d'avions. La Wehrmacht enfonçait le front, la Somme était franchie, Paris occupé. C'était la débâcle.

Le 16 juin, le maréchal Pétain était nommé président du Conseil et ne tardait pas à demander l'armistice à l'Allemagne victorieuse. Quatre jours plus tard, les Allemands entraient dans Strasbourg et faisaient flotter le drapeau à croix gammée sur la cathédrale. Bientôt l'Alsace était annexée au Reich et une ligne de démarcation coupait la France en deux, séparant le pays occupé de la zone dite libre, placée sous l'autorité du gouvernement installé à Vichy.

Le grand rabbin Hirschler, nommé aumônier général des camps d'internement du sud de la France, devait dès lors déployer une intense activité d'aide aux Juifs étrangers internés. Arrêté à Marseille en décembre 1943, il fut déporté à Auschwitz et mourut d'épuisement quelques semaines avant la Libération.

Dans un pays à genoux, Pétain apparaissait encore comme le sauveur inespéré, l'homme qui avait fait « don de sa personne à la France »... et je me souviens de mes parents pleurant d'émotion en entendant à la radio la voix chevrotante du vainqueur de Verdun.

Beaucoup pensaient alors que le vieux maréchal représenterait un rempart contre la barbarie allemande... L'un de mes petits-cousins, Max Hymans, élu député de l'Indre après avoir été secrétaire d'État aux Finances, vota en faveur des pleins pouvoirs remis à Philippe Pétain, agissant en cela comme la majorité des parlementaires réunis au casino de Vichy le 10 juillet 1940. Max Hymans se rendit rapidement compte de son erreur et se mit en relation avec Londres. Le 6 mai 1941, il cacha chez lui, à Valençay, le premier parachutiste-radio lâché sur la France occupée par les services secrets alliés. Condamné à mort par contumace, l'ancien député entra dans la clandestinité, puis gagna Alger en 1943 où il devint responsable des transports aériens, poste qui lui valut de devenir directeur d'Air France après la guerre.

À l'image de mon petit-cousin, les Juifs ont compris très tôt qu'il fallait lutter avec la Résistance. Selon David Knout, qui organisa ce qui allait devenir l'Organisation juive de combat, ils représentaient 20 à 30 pour cent des effectifs dans les différents réseaux, chez les communistes, au sein des Francs-Tireurs et Partisans, à Combat, à Libération, à la MOI, à l'OJC ou encore, en Grande-Bretagne, dans les rangs des Forces françaises libres auprès d'un général qui sauvait l'honneur et préparait la riposte. Malgré ce qui l'a opposé plus tard à la communauté juive et à Israël, je conserve pour la personnalité de Charles de Gaulle une admiration et une reconnaissance sans bornes : il reste dans l'Histoire avant tout comme l'homme qui sut se lever contre les nazis et leurs alliés vichyssois.

Dès la défaite, mes parents et moi sommes partis vers Tours où mon père, prévoyant le conflit et l'invasion de l'Alsace par les troupes nazies, avait acheté une résidence secondaire, lieu de refuge en cas de désastre. Malheureusement mon père avait vu juste. Mais ses précautions n'ont servi à rien et nous n'avons pas pu rester en Touraine : la maison qui nous attendait était située à cinq kilomètres au nord de la ligne de démarcation ! Il n'était pas question pour nous de demeurer en zone occupée, et nous avons immédiatement quitté Tours pour descendre vers le sud.

Je me souviens de ce trajet interminable. Nous étions neuf à nous serrer dans la grande Renault Vivaquatre paternelle : mes parents, un oncle, une tante, deux grands-mères, une vieille cousine, sans oublier le chauffeur alsacien car mon père ne conduisait pas. Et moi qui avais onze ans et ne comprenais pas à quel jeu terrible jouaient les grandes personnes. Et pourtant nous étions privilégiés, beaucoup d'autres fugitifs devaient porter leurs bagages sur le dos ou les traîner dans des charrettes brinquebalantes. Tout au long du parcours, nous pouvions voir des femmes à bout de forces, leur nourrisson serré contre la poitrine, des personnes âgées, tête basse, accablées d'être contraintes d'abandonner la maison ou la ferme qui les avait vues naître. Des familles entières erraient ainsi, ne sachant où aller, cherchant seulement à échapper aux combats. Face à l'avancée de l'armée allemande, les populations du nord de la France, vite rejointes par les foules de Parisiens fuyant la capitale, se précipitaient sur les routes. En l'espace d'un mois, six à huit millions de personnes prenaient momentanément le chemin de l'exil, parfois sous les bombardements de l'aviation allemande ou italienne.

Nous sommes finalement arrivés à Auch, dans le Gers, et mon père est allé demander à l'hôtel de France au moins une chambre pour héberger les neuf personnes que nous étions... Face à l'afflux des réfugiés, il fallait se serrer et ne pas se montrer trop exigeant. Finalement, nous avons obtenu deux chambres, mais nous dormions tout de même à trois ou quatre par lit. Bientôt, je me grattais furieusement : j'avais des démangeaisons partout. Ma mère s'est empressée de m'emmener chez un médecin qui m'a examiné de haut en bas et a hoché la tête, impuissant et résigné : Auch, nous a-t-il révélé, pouvait être rebaptisée « la ville des puces » tant cet insidieux fléau envahissait chaque recoin de la cité ! Effectivement, tous les soirs nous devions faire la chasse aux insectes qui sautaient entre les draps de nos lits.

Nous ne devions pas nous attarder dans le Gers. Nous avons décidé de poursuivre notre voyage et de descendre la vallée du Rhône pour rejoindre Avignon.

Mais les marchés de l'ancienne cité papale étaient vides, il fallait partir encore, chercher un lieu où l'on pourrait vivre sans trop se faire remarquer, en attendant que s'apaise la folie des hommes. Direction le Massif central, cette fois. Nous avons finalement trouvé refuge au Puy, en Haute-Loire.

En dépit de la guerre et de l'antisémitisme officiellement déclaré, mon père tenait à tout prix à ce que je poursuive normalement ma scolarité. Dans ces circonstances dramatiques, il pensait d'abord à mon avenir, sachant bien qu'il me faudrait, un jour, retrouver la vraie vie. Par chance, René Ruolt, le censeur du collège, Alsacien rondouillard et sympathique venu d'Altkirch, ancien officier de réserve passé à l'enseignement, était un homme de grande qualité, bienveillant et droit, qui n'hésitait pas à risquer sa vie pour accueillir des enfants juifs dans l'établissement scolaire dont il avait la charge. En fait, il était particulièrement curieux de tout ce qui concernait le judaïsme et en parlait bien souvent avec mon père, avec qui il finit par être lié d'une sincère amitié. Cependant, le danger menaçait. Nous allions le découvrir jour après jour...

Au début, nul parmi les élèves ne savait vraiment ce que signifiait être juif, nous étions simplement des réfugiés chassés par la guerre. Tout a basculé lorsqu'un enfant alsacien est arrivé au lycée et a commencé à proférer des insultes antisémites... Il est parvenu à enflammer des esprits jusqu'ici indifférents, et le climat a aussitôt changé pour se faire d'abord hostile, puis violent. Mes camarades juifs et moi étions régulièrement attaqués à jets de pierre, il fallait raser les murs, ne pas nous attarder dans les rues, se hâter de rentrer chez soi. Un jour, un caillou m'a blessé au front, provoquant un vif saignement. Il a fallu quelques points de suture, et, depuis, une petite cicatrice à la racine des cheveux me rappelle constamment ce triste souvenir.

Tout ce climat de haine était entretenu par la propagande collaborationniste. Sur le chemin du lycée, je passais régulièrement devant un kiosque à journaux ; un matin je pus y découvrir des placards affichant la définition du Juif spécifiée par le statut promulgué par Vichy le 3 octobre 1940 : « Est considérée comme juive toute personne issue de trois grands-parents de race juive ou de deux grands-parents de la même race si elle-même est juive... » Ces lignes rédigées avec la sécheresse d'un législateur m'ont traumatisé. Mes repères, mes assurances, ma confiance volèrent brusquement en éclats. Moi qui me croyais un enfant semblable aux autres enfants, je comprenais que je n'étais plus un citoyen à part entière. L'occupant allemand et son allié vichyste avaient fait de moi un être à part, une bête traquée, un sujet de détestation et d'opprobre.

L'ordre nouveau s'organisait. Les autorités avaient créé des corps expéditionnaires français destinés à partir se battre sur le front russe aux côtés des Allemands, et des volontaires allaient travailler dans l'industrie outre-Rhin. Tout cela était évidemment le fruit d'une propagande savamment distillée qui faisait croire à l'urgence de la lutte contre le bolchevisme.

De son côté, Radio-Paris infectait les ondes d'une virulente campagne antisémite : nous étions coupables de la défaite, de la déliquescence des mœurs, de la ruine nationale, coupables de vivre enfin. Nous savions aussi que dans la capitale une exposition désignait les Juifs comme les irrémédiables ennemis du pays. « Apprenez à reconnaître le Juif », annonçaient les thuriféraires du nouvel ordre européen. Nous étions devenus des animaux nuisibles. La milice française s'était installée en face de chez nous, et sa seule présence nous terrorisait, nous n'ignorions pas que la soldatesque vichyste était souvent aussi cruelle que la SS.

Néanmoins, nous avons connu une vie relativement calme au Puy. D'abord, le port de l'étoile jaune, signe d'exclusion réservé à la zone occupée, ne nous a jamais été imposé. Ensuite, le rabbin Moïse Poliatchek, un Alsacien venu d'Altkirch, lui aussi, avait constitué une petite communauté, aménageant en oratoire un modeste réduit de neuf mètres carrés.

Un après-midi d'hiver, alors qu'il faisait froid et que le givre avait envahi la campagne, nous avons été invités, mon père et moi, dans l'appartement du rabbin. J'observais les deux hommes discuter ; Moïse Poliatchek se mit soudain à évoquer une liste qu'il avait consciencieusement dressée : celle des Juifs réfugiés au Puy. Il tenait à constituer administrativement une communauté. Quelle folie ! Mon père lui demanda calmement s'il pouvait consulter ce document. Les deux hommes se fixèrent un instant, les yeux dans les yeux. La tension qui les habitait était palpable. Puis, le geste hésitant, le rabbin tendit le document à mon père. Alors tout s'accéléra... Mon père se précipita près du fourneau à bois et y jeta le papier. Outré, le rabbin entra dans une sombre colère, tempêta, hurla, mais mon père parvint à le calmer, lui expliquant que cette liste risquait de tomber entre des mains hostiles. En effet, il aurait suffi aux miliciens de perquisitionner chez le rabbin pour obtenir le recensement complet des Juifs de la localité... Il n'y avait plus ensuite qu'à les arrêter et à les déporter. Le rabbin Poliatchek était pourtant un saint homme, mais trop naïf sans doute, il n'avait pas perçu le danger qu'il faisait courir aux personnes dont les noms figuraient sur son imprudente nomenclature.

Le rabbin s'était réfugié au Puy avec son fils Jean, qui était déjà passé par l'école rabbinique. Ce dernier a connu une destinée étonnante... Au retour de la guerre, il a été nommé rabbin à Metz. C'était un grand et beau garçon, et toutes les filles tombaient sous son charme. Un jour, il s'est pris d'amour pour une jeune femme non juive, situation difficile pour un rabbin ! Scandale dans la communauté messine, et il a dû quitter la ville. Intelligent, brillant, volontaire, il a décidé de partir en Israël avec l'objet de sa flamme et l'a converti au judaïsme. Mais quelques années plus tard, le couple s'est séparé. Le rabbin Jean Poliatchek est resté en Israël où il a longtemps enseigné la philosophie à l'université de Bar Ilan, près de Tel-Aviv. Et c'est là que l'histoire devient piquante : la néophyte choisit, elle aussi, de rester sur place. Un peu plus tard, je ne sais trop comment, elle se retrouva à Méa Shéarim, le quartier ultra-orthodoxe de Jérusalem. Elle finit par épouser en secondes noces le plus intransigeant des chefs religieux, le rav Amram Blau, maître des *Natourei Karta* [1], secte juive à l'anti-

1. « Les Gardiens de la cité », en araméen. Groupe fondé en 1935 et réunissant actuellement environ cinq à six cents personnes.

sionisme exacerbé. Depuis, le rav est mort, mais sa veuve, Ruth Blau, consacre sa vie à la lutte contre l'État hébreu, considérant que les Juifs ont commis l'irrémédiable péché de retourner sur la Terre promise sans attendre la venue du Messie annoncé. Accomplissant jusqu'au délire ses hantises, elle se lie avec tous les ennemis d'Israël. Elle a envoyé ses émissaires auprès de l'ayatollah Khomeyni à Téhéran ou au côté de Yasser Arafat. De temps à autre, elle revient en France pour quêter en faveur de son mouvement extrémiste et fanatique.

J'ai donc fait ma *bar-mitzvah* [1] au Puy en mai 1942 sous l'autorité du rabbin Moïse Poliatchek. Pour cette occasion, mon père a loué une salle plus vaste que le minuscule oratoire habituel et il a pu inviter à l'office du chabbath matin quasiment toute la communauté locale – un oncle est même venu de Marseille avec sa famille. La règle veut que le garçon de treize ans, devenu religieusement majeur, lise dans le rouleau de la Torah la *sidra*, section du Pentateuque que le calendrier impose ce jour-là. La mienne, extraite du Lévitique, était double : *Aharei-Mot* et *Kedochim*. Or, c'est dans cette dernière que l'on trouve la célèbre loi de fraternité humaine : « Tu aimeras ton prochain comme toi-même [2] », paroles qui, selon rabbi Hillel, exégète contemporain du roi Hérode, résumeraient le judaïsme dans son entier, tout le reste n'étant que commentaires. Ainsi, pendant que les nazis planifiaient la solution finale de la question juive et expérimentaient scienti-

1. Majorité religieuse.
2. Lévitique XIX, 18.

fiquement les méthodes d'assassinats de masse, un jeune garçon chantait dans une synagogue improvisée du Puy cet hymne d'amour universel... Étrange et bouleversante image, qui est peut-être celle de la pérennité du judaïsme.

Ces instants de bonheur volé ne doivent pas faire illusion : nous savions que nous risquions d'être arrêtés à tout moment. Pour éviter de perdre tous nos biens en cas de rafle, mon père avait confié notre argenterie à un voisin de palier. Un homme bien sous tous rapports, citoyen à l'allure rassurante et inspecteur des contributions de son état. Pourtant, ce personnage au-dessus de tout soupçon a disparu du jour au lendemain, sans laisser d'adresse. Après la Libération, mon père a pu le retrouver et lui a réclamé son dépôt... Mais le fonctionnaire l'a toisé de haut :

– De quoi parlez-vous, monsieur ? a-t-il feint de s'étonner.

Les tentations étaient fortes. Beaucoup pensaient que tous les Juifs finiraient par être déportés, il n'y avait donc pas grand mal à se saisir de leurs valeurs. Malgré ce climat délétère, nous étions bien obligés de faire confiance aux personnes de notre entourage, nous n'avions pas d'autres choix.

En raison de notre départ précipité de Strasbourg, mon père avait été contraint de brader son stock de marchandises. Malgré les difficultés de la guerre, il était parvenu à se faire expédier jusqu'en Haute-Loire un lot de tissus. Ainsi, nous pouvions vivre des maigres ressources que nous apportait ce commerce impromptu. Cette activité a dû faire quelques jaloux car mon père a été arrêté pour marché noir à la suite de la délation de certains voisins. Comme il s'agissait évidemment d'une accusation sans fondement, il a été heureusement très vite relâché. Cette anecdote, qui aurait pu se terminer dramatiquement, montre bien l'atmosphère terrible qui régnait à l'époque. Il y avait bien sûr des résistants, héros de l'ombre, mais également de vraies crapules, promptes à profiter des événements pour accomplir de basses vengeances ou tenter de s'enrichir sans scrupules. L'ombre et la lumière. La délation reste pour moi l'une des pires maladies de l'âme, un cancer qui ronge la société pour la détruire à petit feu. Et il y en a eu des délateurs...

En 1992, j'appartenais à la commission chargée de statuer sur le devenir du fichier des Juifs de France établi sous l'Occupation. À cette occasion, j'ai rencontré à plusieurs reprises le ministre de l'Intérieur de l'époque, Paul Quilès. C'est lui qui m'a appris l'existence d'un « fichier des dénonciateurs » constitué sous le gouvernement de Vichy, entreposé depuis la fin de la guerre dans les caves de la préfecture de police de Paris. Pour des raisons évidentes de sécurité publique, ces documents devaient rester secrets. Quoique le ministre m'ait alors demandé le silence sur ce fichier, craignant que la révélation d'un tel répertoire ne vienne troubler l'ordre et la bonne conscience nationale, je pense que le temps est venu de dévoiler la vérité sur ce sombre épisode de notre histoire. Les années ont passé, les dénonciateurs sont aujourd'hui devant leur Juge suprême ou largement nonagénaires... Je peux donc révéler à présent que ce sinistre fichier contenait cent mille noms ! Ces accusateurs zélés espéraient s'emparer des biens des Juifs après leur arrestation, et je suppose qu'ils étaient même rétribués pour leur action courageuse au service de l'État pétainiste et pour la plus grande gloire du IIIe Reich.

La délation est increvable, elle n'a jamais fini son travail de sape, tout en perfidie et en lâcheté. De nos jours encore, dans notre société apaisée, de nombreux contrôles fiscaux n'ont-ils pas lieu à la suite d'une dénonciation ?

Un jour, nous avons dû fuir à la hâte notre domicile et nous réfugier dans la campagne. Dénonciation ? Rafle organisée ? En tout cas, nous étions poursuivis. La nuit était tombée, nous étions un petit groupe à marcher sur la route lorsque nous avons entendu une voix nous crier :

– Cachez-vous !

Soudain, les phares de motocyclettes de soldats allemands percèrent l'obscurité... D'un bond, nous avons sauté dans le fossé. Mon père me serra contre sa poitrine, je sentis son cœur s'emballer. La gorge serrée, la respiration hachée, je vis un faisceau de lumière venir frôler nos têtes comme s'il s'agissait d'une faux balayant lentement l'horizon. J'avais l'impression que cela durait des heures. Si le rayon s'était abaissé de quelques centimètres seulement, nous étions découverts et faits prisonniers. Vraiment, ce soir-là il s'en est fallu de peu.

Nous avons eu la chance inouïe de pouvoir échapper sans cesse à la déportation. Chaque fois que la Milice ou la Gestapo décidait de nous arrêter, il y avait toujours une bonne âme pour nous avertir à temps. Je me souviens en particulier d'un chef des Éclaireurs de France qui s'était précipité à notre domicile pour nous prévenir... Il appartenait à la Résistance et entretenait de précieuses relations à la préfecture. Sans lui, nous aurions sans aucun doute été pris, transférés à Drancy, puis de là déportés vers Auschwitz. Il faut croire que les miracles existent. Comme ce chef éclaireur, la plupart de nos protecteurs exerçaient dans l'Administration et détenaient par ce biais des informations de première main sur la planification des rafles. Cela doit nous faire réfléchir sur le rôle de chacun durant cette abominable période de notre histoire. Pourquoi, d'un côté, tant d'empressement à dénoncer les Juifs, et pourquoi, de l'autre, tant de courage et d'abnégation ?

2

AU NOM DE LA MÉMOIRE

La tragédie de la Seconde Guerre mondiale m'a fait mesurer à quel point nous, Juifs, sommes tous des rescapés. Il m'a fallu, comme à beaucoup d'autres, attendre la Libération pour saisir l'ampleur et l'étendue du drame qui avait fait disparaître tout un pan du judaïsme européen. Des années encore ont été nécessaires non pour comprendre – car jamais on ne comprendra – mais pour tenter d'approcher le délire qui a consisté à vouloir détruire scientifiquement et méthodiquement un peuple entier pour en effacer toute trace sur la terre. Cette spécificité de la tragédie juive de notre temps reste pour moi l'un des éléments essentiels de la mémoire. La Shoah – du terme hébraïque signifiant « catastrophe » – ne ressemble à aucun des massacres à grande échelle dont le siècle achevé a été fécond. Toute tentative de comparer les chambres à gaz aux effroyables exécutions de masses commises par un Staline en Union soviétique ou par un Pol Pot au Cambodge relève de la banalisation d'un crime contre l'humanité unique dans son essence. En effet, il s'est agi pour les Allemands d'exterminer systématiquement un peuple, hommes, femmes, enfants, vieillards, non pas en raison de crimes supposés mais simplement en déniant aux victimes le droit de vivre en vertu de ce qu'elles étaient. Selon l'idéologie nazie, le monde ne pouvait trouver son équilibre et son bonheur que dans la disparition totale du peuple juif. Cette démence a de quoi faire perdre la raison à tous ceux qui tentent de l'expliquer. Mais il n'y a rien à expliquer, aucun sens à chercher, aucune rationalisation à tenter. Nous sommes ici dans l'ordre d'une mystique folle qui se nourrit de ses propres démons.

Dès janvier 1939, à l'occasion d'un discours prononcé pour le sixième anniversaire de son accession au pouvoir, Adolf Hitler avait proclamé : « Aujourd'hui, je veux une fois de plus faire le prophète. Si la juiverie à la tête de la finance internationale en Europe et en dehors d'Europe devait encore une fois parvenir à plonger les nations dans une guerre mondiale, il n'en résulterait pas la bolchevisation de la terre et par conséquent la victoire de la juiverie, mais l'anéantissement de la race juive dans toute l'Europe. »

Peu après, une terrible machine à tuer se mettait en marche. Aussitôt la Pologne occupée, les nazis regroupaient les Juifs autochtones dans des ghettos, et des milliers d'autres étaient déportés dans le sud du pays. En décembre 1940, Himmler, chef de la Gestapo, et son adjoint Heydrich recevaient l'ordre oral de concevoir des préparatifs en vue de « la solution finale de la question juive ». En juin 1941, les *Einsatzgruppen* commençaient à sévir lors de l'invasion du territoire soviétique, assassinant six cent mille Juifs des régions occupées. Le 20 janvier 1942, la conférence de Wannsee, dans la banlieue berlinoise, permettait à Heydrich et Eichmann de fixer les modalités du génocide et de l'étendre à l'ensemble du continent européen. Dans un premier temps, les condamnés furent dirigés vers les camps de concentration déjà existants tandis que s'élevaient bientôt d'autres camps équipés de chambres à gaz et de fours crématoires. Le massacre entra alors dans une phase de folie industrielle. Des convois partaient continuellement de toute l'Europe occupée à destination des usines de la mort... Des noms sont entrés dans notre histoire et dans nos cauchemars, des noms devenus familiers à force de rouler jusqu'à l'obsession dans nos mémoires depuis plus d'un demi-siècle, comme si en les répétant pour ne jamais les oublier ils devaient livrer un jour un peu de leur inconcevable énigme... Buchenwald, Maïdanek, Treblinka, Sobibor, Bergen-Belsen, Auschwitz... Ce dernier camp est devenu rapidement le plus vaste complexe d'anéantissement jamais imaginé. Outre le camp originel, Auschwitz I, la zone comprenait également Auschwitz II Birkenau, à la fois camp de travail et d'extermination, puis Auschwitz III Monowitz dont les prisonniers servaient de main-d'œuvre gratuite et surexploitée jusqu'à l'épuisement final, notamment pour la firme chimique I.G. Farben qui y fabriquait du caoutchouc synthétique et de l'acide acétique.

On le sait, mais il faut le redire toujours : devant la rampe, à l'extrémité de la voie de chemin de fer qui s'arrêtait là comme s'arrêtait la civilisation humaine, les nazis procédaient à « la sélection », mot banal pour une effroyable réalité. Les représentants de la race supérieure s'arrogeaient le droit de décider qui allait vivre encore et qui allait mourir à l'instant. Ils triaient les déportés : d'un côté, les plus vigoureux, affectés au travail forcé avant d'être tués ; de l'autre, les enfants, les vieillards, les adultes malades ou trop affaiblis par le voyage, immédiatement conduits vers les chambres à gaz. En 1944, quatre cent trente-sept mille Juifs hongrois furent exterminés à Auschwitz en moins de quatre mois et vingt-quatre mille d'entre eux furent supprimés en une seule journée. Malgré le manque de statistiques précises, on pourra dénombrer à la fin de la guerre plus d'un million de victimes ayant trouvé la mort en ce seul lieu d'abomination sur les six millions de Juifs disparus dans la nuit et le brouillard.

Ces enfants que l'on chassait, nus, tremblants, effrayés, vers les chambres à gaz, ce sont nos enfants. Nous, survivants, qu'avons-nous à répéter aujourd'hui, sinon que la Shoah est une tragédie juive, exclusivement juive, et qu'Auschwitz est exclusivement un lieu de mort ?

Pour parvenir à leurs fins, les nazis ont facilement trouvé des complices, auxiliaires serviles et zélés disposés à prêter main-forte aux assassins. À ce propos, un sujet me tourmente depuis longtemps : quand on parle de la Shoah, on évoque d'ordinaire uniquement les Allemands. Or, dans de nombreuses régions de l'Est européen, les responsables de l'extermination furent aussi les fascistes et les nationalistes locaux. Je crois que ce thème, trop souvent prudemment occulté, mériterait une étude historique approfondie.

Il y a quelques années, ma femme, qui était en voyage à Vilnius, en Lituanie, a été guidée par des amis qui l'ont conduite jusqu'au terminus d'une ligne de tramway... C'est là qu'on emmenait les Juifs pour les massacrer, et les meurtriers n'étaient pas des nazis. Les mêmes faits se reproduirent notamment à Kaunas, Siauliai, Alytus, Jonava, Swiencianys, Telsiai. En Pologne, des villes comme Kielce et Jedwabne furent le théâtre d'horribles tueries de Juifs fomentées par les Polonais eux-mêmes, pendant ou après la guerre. Le débat commence à peine dans ces pays, même si certains, au niveau régional, ont fait repentance. Mais le travail de mémoire est loin d'être achevé car les gouvernements n'ont jamais officiellement reconnu les faits. Dans les écoles de Pologne, par exemple, on enseigne à juste titre les souffrances du peuple sous le joug nazi, mais sans que soit évoqué le rôle de tant de Polonais dans les massacres antisémites. En juillet 2001, pour le soixantième anniversaire du pogrom de Jedwabne, au cours duquel mille six cents Juifs – la quasi-totalité de la communauté de la ville – ont été brûlés vifs, le président polonais, Alexander Kwasniewski, a bien demandé pardon pour ce crime abominable, mais le monument élevé sur place ne fait pas la moindre mention de l'implication des seuls Polonais dans cette infamie. Pour être tout à fait équitable, comme je me suis toujours efforcé de l'être, je mentionnerai qu'à côté de ces assassins, trois mille Justes polonais figurent à *Yad Vashem* [1].

Depuis longtemps l'Allemagne a fait repentance, la France a agi de même en juillet 1995 par la voix de Jacques Chirac acceptant la lourde responsabilité de

1. « Une main et un nom », en hébreu. Institution israélienne fondée en 1953 afin d'honorer la mémoire des martyrs de la Shoah et de faire perdurer le souvenir historique de cette tragédie.

l'État français et des collaborateurs dans la tragédie juive. En revanche, les pays d'Europe centrale, qui ont allégrement participé au génocide, n'ont jamais accepté de regarder leur histoire en face, ils n'ont jamais osé affronter la vérité. Seulement voilà : la Lituanie, l'Estonie, la Lettonie, la Pologne, la Hongrie, la République tchèque vont prochainement entrer dans l'Union européenne. Dois-je alors considérer ces États comme définitivement blanchis et comprendre qu'il me faut désormais tourner la page ? Non. Je ne me sens aucunement appartenir à une quelconque communauté englobant ces nations au passé douteux ; dans les circonstances présentes, il me semble impensable de me considérer comme le compatriote de ces pays amnésiques. J'ai froid dans le dos en songeant que ces peuples vont être demain mes frères européens, et je me battrai pour qu'on exige de la part de ces nouveaux venus un travail de mémoire, une sorte de « purification éthique » indispensable. En attendant, je n'oublie rien et je ne pardonne pas. De la même manière, la double nationalité française et allemande envisagée dans l'Europe en construction me révulse : je n'ai absolument aucune envie de me réveiller demain citoyen allemand.

En France, le gouvernement de Vichy a été le redoutable associé du génocide, appliquant dès 1940 une politique antisémite visant à exclure les Juifs de la communauté nationale et préparant ainsi les déportations. À partir de 1942, l'État français, sous la direction de Pierre Laval, apporta sans état d'âme son concours actif à la mise en œuvre de la « solution finale » sur notre territoire.

À Paris, les 16 et 17 juillet 1942, c'est la police française, sous les ordres de René Bousquet, qui arrêta les treize mille Juifs conduits au Vel' d'Hiv' avant d'être déportés pour ne jamais revenir, dans leur grande majorité. Et ce ne fut pas une exception : 80 pour cent des soixante-seize mille Juifs déportés de France ont été appréhendés par la police française. Un quart de la population juive résidant dans notre pays avant la guerre a ainsi subi la loi de l'occupant avec la complicité des partisans de la collaboration.

S'il est vrai que la police et la gendarmerie françaises jouèrent généralement un rôle odieux sous l'Occupation, s'il est vrai aussi que la passivité et la délation furent des calamités pour le peuple français, il ne faut pas oublier les nombreux anonymes qui ont agi en secret pour sauver les victimes désignées. On n'en parle jamais assez, et c'est pour préserver cette mémoire, pour rendre hommage à ces esprits résolus, que je souhaite organiser une grande soirée nationale de reconnaissance envers les hauts fonctionnaires qui ont refusé Vichy. Pendant qu'un préfet comme Maurice Papon collaborait à Bordeaux et planifiait méticuleusement la déportation des Juifs, adultes et enfants, certains de ses homologues s'acharnaient à préserver la vie. Comment pourrions-nous oublier qu'une cinquantaine de préfets ont été déportés ? Et ils n'étaient pas seuls : des ambassadeurs, des maires, des policiers, des enseignants ont également eu l'audace de s'opposer au mal absolu. Je pense notamment à Marcel Waline, cet éminent professeur de droit qui, dans un amphithéâtre parisien bondé d'étudiants, a osé déclarer en 1942 : « Messieurs, les lois de Vichy que je vous enseigne sont contraires à la tradition juridique française. »

Cet homme a trouvé la force de se révolter, prenant ainsi le risque d'être dénoncé et arrêté, avec les conséquences que l'on sait. Oui, je veux prouver que, durant cette période, de nombreux fonctionnaires ont eu un comportement fait de dignité et de courage.

Dernièrement, j'ai rencontré à Strasbourg deux demoiselles Lévy, deux sœurs dont la plus jeune a quatre-vingts ans. Évoquant devant moi leurs souvenirs de la guerre, elles m'ont raconté comment elles avaient trouvé refuge dans un village de Bourgogne... Un jour, deux gendarmes se sont présentés à leur domicile pour leur annoncer :

– Nous avons ordre de vous arrêter demain, car vous êtes juives. Préparez votre valise et partez aux aurores avant notre arrivée.

Elles ont suivi les instructions des deux inconnus. Le lendemain, les gendarmes ont dressé un « constat de carence » et transmis à leurs supérieurs ce procès-verbal dûment signé... Cet acte courageux, accompli par les deux hommes au péril de leur vie, démontre qu'il existait sous l'Occupation des personnes extraordinaires, prêtes à se battre et à refuser le joug de l'envahisseur. Après ma rencontre avec les sœurs Lévy, j'ai entrepris des démarches afin de retrouver la trace de ces héros inconnus qui avaient résisté à leur façon. J'ai appris qu'ils étaient morts depuis longtemps, et pour les brigadiers qui m'écoutaient placidement raconter cette aventure, on aurait dit qu'il s'agissait d'une vieille histoire remontant à la guerre de Cent Ans ! Maintenant, je voudrais faire délivrer aux descendants des deux gendarmes disparus la médaille des Justes que l'institut Yad Vashem de Jérusalem remet à ceux qui ont sauvé des Juifs durant l'ère nazie.

Je voudrais aussi voir leurs noms inscrits dans le grand livre des Justes de France, *Les Gardiens des vivants*, ainsi qu'au mémorial de Thonon-les-Bains créé par le Consistoire israélite de France en novembre 2001 dans un grand parc près du lac Léman. Ce monument rend hommage aux non-Juifs français qui ont agi pour arracher des victimes à la haine nazie, mais que Yad Vashem ne peut pas toujours prendre en considération. Il faut savoir que les critères et les preuves très rigoureux exigés par l'institut israélien pour attribuer la médaille des Justes ne peuvent pas toujours être réunis par les familles soixante ans après les faits, et nous venons, ainsi, réparer une injustice.

De la même manière, je me refuse à oublier ceux qui ont laissé faire, tout en étant alertés sur la réalité du génocide. En 1942, Samuel Zygielbojm, Juif polonais, dirigeant du *Bund* [1], parvint à s'échapper du ghetto de Varsovie et à rejoindre Londres. Il tenta d'alerter les autorités polonaises et anglaises sur l'existence des camps de concentration nazis. Peine perdue, il se heurta à un mur d'indifférence. Quand il se rendit compte de l'immobilisme des Alliés et que survint l'écrasement du ghetto de Varsovie, ses forces l'abandonnèrent. Dans un geste à la fois désespéré et politique, il se suicida le 12 mai 1943, laissant un ultime message pour tenter encore de sensibiliser les autorités et l'opinion publique à la réalité d'un génocide planifié. Il insistait sur la lourde responsabilité assumée par les nations qui avaient

1. Union générale des ouvriers juifs de Lituanie, Pologne et Russie, fondée en 1897.

refusé de prendre des mesures pour freiner les massacres : « En assistant passivement à l'extermination de millions d'hommes, de femmes et d'enfants sans défense et torturés à mort, ces pays se sont faits les complices des assassins. »

On le sait, l'aviation des forces alliées aurait pu bombarder les rails de chemin de fer menant à Auschwitz, manière de gripper les rouages parfaits d'une organisation meurtrière. Lors de mes voyages officiels à l'étranger, je ne crains jamais de déclarer à mes interlocuteurs anglo-saxons que leurs prédécesseurs de la Seconde Guerre mondiale connaissaient l'existence des camps nazis et ont pourtant refusé d'intervenir. Leur réponse à mes attaques est éclairante : Roosevelt ne pouvait pas prendre une telle décision, me dit-on piteusement, il était déjà très critiqué pour avoir entraîné son pays dans la guerre. Il existait effectivement aux États-Unis des mouvements de droite et d'extrême droite fortement teintés d'antisémitisme, aussi l'administration américaine craignait-elle plus que tout d'entendre ces exaltés crier que le président était entré en guerre pour la seule défense des intérêts juifs... Une aberration, bien sûr. Lors d'un colloque tenu sous les auspices du Conseil européen, j'ai déclaré, il y a quelques années :

– La Grande-Bretagne n'a rien fait pour empêcher le massacre des Juifs par les nazis...

À ces mots, l'ambassadeur britannique s'est levé brusquement et s'en est allé en claquant la porte. Peu m'importe l'incident diplomatique, je ne suis pas un politicien. La vérité est la vérité, elle doit être connue de tous.

Étudiant le problème des lois de Vichy, j'ai découvert aussi le fourvoiement de certains Juifs français qui se sont crus longtemps à l'abri parce que Juifs français, précisément. Ils ne se sont pas préoccupés comme ils auraient dû le faire des mesures prises contre les Juifs étrangers, se souciant parfois fort peu du sort qui leur était réservé. Ils n'ont pris conscience de leur erreur que plus tard, lorsqu'ils ont été visés eux-mêmes. J'ai évoqué cette question au cours d'un colloque sur le Statut des Juifs :

– J'ai honte de ce comportement, je demande pardon à tous ceux, nos frères, qui ainsi se sont sentis rejetés, éloignés. Il a fallu la Shoah pour faire sentir aux Juifs, à tous les Juifs, qu'ils étaient frères, que leur destin était commun.

La Seconde Guerre mondiale provoqua des dizaines de millions de morts, et certaines blessures, transmises de génération en génération, ne se refermeront peut-être jamais. Voilà pourquoi, naïvement diront certains, je pense que le combat pour les Droits de l'homme n'a pas de fin ni de limite. C'est un éternel combat, et il nous concerne tous.

Dans le champ de ce combat, la lutte contre le négationnisme et le révisionnisme me semble primordiale car la contestation de la Shoah représente non seulement une ultime injure aux victimes mais prépare encore de nouveaux crimes. Des décennies plus tard, notre mémoire est en butte aux émules d'une histoire revisitée, et ces falsificateurs sévissent aux quatre coins de la planète. Comme un chancre qui s'infecte doucement mais sûrement, le négationnisme parvient toujours à se revivifier en s'appuyant sur de nombreux relais et en se protégeant derrière le rempart confortable de la liberté d'expression. Issus généralement de l'extrême droite, ces « historiens » criant au complot juif pour nier la réalité des camps nazis se nourrissent aussi des apports humains et idéologiques puisés à l'extrême gauche, dans une pensée née d'un certain syndicalisme de la fin du XIXe siècle qui associait le grand capital à un imaginaire « lobby juif » aux dimensions internationales. Ce négationnisme gauchiste, aux accents « rouge-brun », a été ensuite alimenté par la contestation de la politique israélienne dans le conflit du Proche-Orient étayée par un antisionisme virulent. Dans cet esprit, on n'aurait tué que des poux dans les camps et le « grand mensonge d'Auschwitz » n'aurait servi qu'à légitimer la création de l'État d'Israël. D'un même coup, on débarrasse la conscience occidentale du poids de la faute et l'on condamne Israël pour un péché originel susceptible de remettre en cause son existence même. Les victimes deviennent les coupables, l'antisémitisme retrouve une vitalité, et la boucle est bouclée.

Étrangement, le père du négationnisme français fut un authentique résistant, Paul Rassinier, arrêté et déporté à Buchenwald. Élu député socialiste du Doubs après la Libération, il fit paraître en 1950 *Le Mensonge d'Ulysse*, ouvrage dans lequel il portait témoignage. Sans nier les souffrances des victimes, il entendait cependant dénoncer la prétendue « exagération » des récits publiés par d'autres rescapés et, finalement, en arrivait à laver les nazis de leur culpabilité dans la mise en place de l'univers concentrationnaire. Par un cheminement de pensée que seule la psychanalyse pourrait expliquer, Rassinier semblait s'identifier pleinement aux bourreaux. Enfin, poussant à l'extrême ses obsessions, il mit en doute l'existence même des chambres à gaz. Il devait pourtant rester dans l'ombre jusqu'à sa mort en 1967, son audience ne dépassant jamais les milieux restreints de l'extrême droite.

Un professeur de littérature de l'université Lyon II, Robert Faurisson, allait prendre le relais avec plus de retentissement. L'idéologie putride de ce personnage était connue depuis 1960, date à laquelle il tenta d'apposer une plaque commémorative sur le mur de l'hôtel de Vichy où le maréchal Pétain avait établi ses bureaux sous l'Occupation.

En décembre 1980, répondant aux questions d'Ivan Levaï sur Europe 1, Faurisson résumait sa thèse sans ambiguïté : « Les prétendues chambres à gaz hitlériennes et le prétendu génocide juif ne sont qu'un même et seul mensonge historique qui a permis une gigantesque escroquerie politico-financière dont les principaux bénéficiaires sont l'État d'Israël, le sionisme international, et les principales victimes le peuple allemand et le peuple palestinien. »

En juin 1986, Henri Roques, autre « spécialiste » de la critique de textes, soutint à la faculté des lettres de l'université de Nantes une thèse sur le SS Kurt Gerstein, un témoin oculaire d'exécutions massives en Pologne qui tenta vainement d'alerter les Alliés et le Vatican. Dans son analyse, Roques s'efforçait de contester la valeur et la véracité du rapport Gerstein et, par voie de conséquence, se permettait de nier l'existence des chambres à gaz décrites par l'officier nazi. La soutenance de cette thèse, d'abord refusée par l'université Paris IV, avait été ensuite acceptée par un jury de l'université de Nantes dans lequel figuraient Jean-Paul Allard, professeur d'allemand à Lyon III, et Pierre Zind, professeur associé à Lyon II. Soutenue avec succès, la thèse fut finalement annulée sur la demande du ministre de l'Éducation, Alain Devaquet.

Un peu plus tard, au moment du procès Barbie, des tracts diffusés à Lyon enfonçaient le clou : « Le drame principal des camps, c'étaient les épidémies, surtout le typhus (voir les charniers à la Libération). C'est pour lutter contre elles que les Allemands utilisaient des petites chambres à gaz pour désinfecter les vêtements et puis des crématoires pour incinérer les cadavres... » Bref, non seulement les chambres à gaz n'ont pas existé, mais en plus elles ne servaient qu'à la désinfection !

En 1990, c'est encore à Lyon II qu'un dénommé Jean Plantin soutint un mémoire de maîtrise sur Paul Rassinier dans lequel on trouvait ces lignes délirantes : « Environ 300 000 Juifs allemands sont partis d'Allemagne avant 1939 et ont réussi, dans leur majorité, à échapper à la police du IIIe Reich... Il est intéressant d'étudier la population d'après guerre de certains pays comme Israël, les États-Unis et quelques pays du continent sud-américain. Aux États-Unis, par exemple, il n'y aurait pas 5,5 millions de Juifs mais plus de 8 millions, voire peut-être 10 millions. La difficulté de préciser ces données démographiques est accrue du fait que les organisations sionistes internationales s'opposent à tout recensement de la population juive aux États-Unis. Au total, le nombre de Juifs morts pendant la guerre se situe entre 1 million et 1,5 million au maximum. »

Est-ce un hasard si c'est à Lyon III que Bruno Gollnisch et d'autres membres influents du Front national entamèrent leur carrière d'enseignant au cours des années quatre-vingt ?

Comme on le voit, l'extrême droite d'une part, le négationnisme de l'autre paraissent avoir élu domicile sur les bancs des universités Lyon II et Lyon III. Celles-ci ont trop fréquemment défrayé la chronique de la manière la plus abjecte qui soit, même si l'ensemble du corps professoral et les conseils d'administration de ces unités ne peuvent être mis en cause, ayant à l'occasion réagi avec force à ces excès. Ce qui n'a pas empêché certains commentateurs d'aller jusqu'à dire et écrire que ces universités seraient devenues la pépinière européenne du néo-nazisme. Dans la classe politique lyonnaise, le silence était plutôt de rigueur, à l'exception notable du maire Michel Noir, l'un des rares élus à tenter alors de s'opposer à ces courants extrémistes venus infecter l'Université.

Le 30 juin 1990, au moment même où Plantin soutenait son exécrable mémoire, l'Assemblée nationale adoptait la proposition de loi déposée par le député Jean-Claude Gayssot « tendant à réprimer tout acte raciste, antisémite ou xénophobe ». Ce texte punit les propos et les actions négationnistes et prévoit des peines contre « ceux qui auront contesté l'existence d'un ou plusieurs crimes contre l'humanité [...] commis soit par les membres d'une organisation criminelle, soit par une personne reconnue coupable de tels crimes par une juridiction française ou internationale ».

Jean-Claude Gayssot s'est constamment signalé comme un ardent défenseur de la vérité historique sur la Shoah et, nonobstant son appartenance au parti communiste, je me suis toujours bien entendu avec lui. Maire de Drancy, cette ville de la banlieue parisienne où fut installé sous l'Occupation un camp de transit, antichambre d'Auschwitz, il a fait aménager, devant le monument déjà existant, un wagon-musée, lieu de pédagogie ouvert d'abord aux élèves des écoles de la région et destiné à conserver vivant le souvenir de l'extermination. Il a aussi organisé à l'Unesco un festival de films sur la déportation et, plus tard, quand il a été nommé ministre des Transports, il s'est montré extrêmement favorable à notre action. Avec SOS Racisme, j'ai organisé un jour un voyage à Auschwitz destiné aux élèves des écoles dont la municipalité était tenue par le Front national, et c'est lui qui m'a procuré un Airbus d'Air France pour permettre ce déplacement. Jean-Claude Gayssot s'est montré ainsi digne successeur de Maurice Niles, cet autre maire de Drancy, qui a fait élever en ce lieu, il y a presque trente ans, un premier monument de la déportation, une sculpture impressionnante due au ciseau de Shlomo Selinger.

La loi Gayssot suscite toutefois de nombreux débats aujourd'hui encore, et ses plus farouches opposants la jugent liberticide. Il s'agit de bien comprendre quelles sont nos responsabilités face aux dérives négationnistes : il est toujours facile de se protéger derrière l'opacité de l'Histoire ou de prendre certaines poses intellectuelles pour ne pas nommer les évidences. Je suis évidemment favorable à la liberté d'expression, ce qui ne m'interdit pas de refuser la diffusion de la pensée extrémiste autour d'une prétendue légitimité fondée sur le droit à communiquer. Toute la difficulté est là : plus on laisse s'exprimer le négationnisme, plus il gagne en pertinence dans l'esprit des moins armés, selon ce raisonnement simpliste et trop rapide : « Si ces gens-là parlent, c'est qu'ils ont sans doute raison quelque part... »

Certains estiment de bonne foi qu'il est plus facile de lutter contre les extrémistes quand ceux-ci s'expriment librement et à visage découvert. Selon les pourfendeurs de cette loi, une opinion politique que l'on cherche à réprimer vit et se déploie dans l'ombre de la société au point de constituer une plus grande menace encore. D'autres pensent, au contraire, qu'il faut condamner pénalement les multiples formes du racisme pour les empêcher de se développer ; d'autant qu'il n'est pas question ici de limiter une liberté d'expression, mais seulement de proscrire la propagation d'un mensonge. Car le négationnisme n'est en rien une thèse historique, elle est simplement l'expression rampante des nostalgiques de l'ordre brun.

D'ailleurs, la loi française a été imitée. Dans les années qui ont suivi son adoption, l'Allemagne, l'Autriche, la Belgique, l'Espagne, le Luxembourg et la Suisse se dotèrent d'une législation comparable. Et puis, en juillet 2002, douze ans après l'entrée en vigueur de cette importante disposition législative, la

Commission nationale consultative des Droits de l'homme, dont je suis le président d'honneur, a participé à une journée de réflexion sur la lutte contre le négationnisme, colloque tenu dans les locaux de la première chambre de la cour d'appel. Une premier bilan de la loi Gayssot a été dressé. Il est apparu que, si les poursuites n'ont pas été très nombreuses, une fructueuse coopération a pu se nouer entre les magistrats du parquet chargés de ces dossiers et les associations antiracistes, permettant une vigilance accrue.

Malgré ces avancées incontestables, une nouvelle et inquiétante forme de négationnisme apparaît dans certaines écoles de la République. De nombreux enseignants de lycées et collèges se plaignent de ne pouvoir enseigner à leurs élèves tout ce qui a trait à l'antisémitisme, la Shoah, l'affaire Dreyfus ou encore la guerre d'Algérie, en raison de menaces clairement exprimées par des élèves d'origine maghrébine. En effet, ceux-ci reprochent à leurs professeurs de leur parler de faits qui ne seraient pas « historiquement prouvés » ou qui auraient été inventés pas certains afin d' « intoxiquer les esprits ». Ces jeunes font du négationnisme sans le savoir, ils se situent donc hors la loi et mettent en question leur place dans nos établissements scolaires. À l'heure où nos dirigeants entendent réprimer toutes les formes de violence, y compris celle perturbant les classes, les intimidations formulées contre les enseignants ne doivent pas être oubliées. Les professeurs ont le devoir de traiter l'Histoire dans son ensemble et n'ont pas à tolérer de quelques élèves un tri parmi les matières. Le gouvernement semble l'avoir compris, et des textes législatifs récemment adoptés sont venus le rappeler avec vigueur.

En République fédérale d'Allemagne – l'Allemagne démocratique –, les dérives négationnistes n'ont jamais atteint les proportions que l'on a connues en France. Même avant l'adoption d'une loi spécifique outre-Rhin, des règles strictes ont très vite interdit de nier l'ignominie du régime hitlérien et d'en faire une quelconque apologie. Des idéologues ont pourtant trouvé des façons de contourner et la vérité et la loi. L'historien allemand du fascisme, Ernst Nolte, n'a jamais contesté la réalité, lui : il s'est contenté de relativiser le génocide en comparant les six millions de morts juifs aux trente millions de victimes du Goulag et en soutenant la thèse aberrante que l'extermination des Juifs par les nazis fut une réaction aux crimes staliniens des années trente, un contre-poison au communisme en quelque sorte. Voilà la manière qu'ont trouvé certains Allemands pour réviser la vérité.

La virulence et la ténacité du négationnisme sous ses différents avatars montrent à quel point nous nous trouvons encore dans l'ère de la haine et de la xénophobie. N'est-il pas vertigineux de constater que, soixante ans après, nous en sommes toujours à devoir décrire, commenter, prouver un crime que certains voudraient tant voir se diluer dans les méandres de l'histoire contemporaine ?

Auschwitz reste le pivot de mon action, le point central, essentiel, obsédant auquel je reviens sans cesse et qui justifie mes années de lutte pour les Droits de l'homme. Auschwitz en tant que souvenir symbolique de la souffrance juive, bien sûr, mais aussi Auschwitz comme réalité physique et géographique. Je prétends que l'enseignement de la Shoah passe par une visite en ces lieux maudits : c'est seulement sur place, en foulant cette terre chargée de crimes, que l'on peut se rendre compte de ce qu'a été l'horreur absolue. Il faut avoir vu le sinistre alignement des baraquements de bois de Birkenau, les châlits sur lesquels s'entassaient des êtres affamés et épuisés, les fours crématoires, les ruines des chambres à gaz, les montagnes de cheveux, les entassements de chaussures, les valises amoncelées dans l'attente de voyageurs qui ne reviendront plus... Il faut avoir vu le soleil briller, indifférent, ou senti le vent glacé de Haute-Silésie souffler sur cette plaine désolée.

En tant que président du Conseil représentatif des institutions juives de France (Crif), puis président du Consistoire central et du consistoire du Bas-Rhin, j'ai ainsi organisé un nombre incalculable de visites à Auschwitz pour les élèves des écoles de France, parfois dans le cadre d'un programme subventionné par le ministère de l'Éducation nationale. Et chaque fois que je le pouvais, j'étais du voyage : je considérais comme un devoir d'emmener ces jeunes vers ce continent de douleur et de répondre à leurs questions. Et la réflexion ne s'arrêtait pas au retour : dans de nombreux établissements, ces visites ont été suivies de travaux, d'expositions, de comptes rendus, de tables rondes organisés par les élèves afin de faire connaître l'effroyable réalité à ceux qui n'étaient pas venus.

En décembre 1993, accompagné d'anciens déportés, j'ai fait le déplacement avec cent cinquante lycéens des classes de première et terminale de la région Aquitaine, autant de jeunes devenus ainsi les « témoins des témoins ». François Bayrou, alors ministre de l'Éducation nationale, a participé à cette visite, montrant ainsi toute l'importance qu'il accordait à cet enseignement. Évidemment, un tel voyage ne vaut et ne porte ses fruits que s'il est préparé pédagogiquement. Cette fois-ci, Henri Ourman, inspecteur de l'Éducation nationale, avait adressé aux jeunes élèves une lettre insistant sur le sens de notre démarche : « Partis à l'aube de chez vous, vous rentrerez le soir. Vous savez quel est le but de votre voyage. Pensez à ceux qui ont voyagé pendant des jours sans savoir où ils allaient. Vous verrez, dans une plaine nue, des baraques et une voie de chemin de fer, subitement interrompue. Pensez à ceux qui ne savaient pas le nom de la ville où s'achevait leur voyage et qui n'ont jamais été plus loin... Si vous vous demandez pourquoi, pourquoi les Tziganes et pourquoi les Juifs, ne vous perdez pas dans l'écheveau des explications. Acceptez une réponse simple : parce qu'on ne voulait pas reconnaître ces hommes, ces femmes, ces enfants comme des êtres humains, et qu'alors tout était permis. »

Il m'est arrivé aussi d'emmener des parlementaires européens visiter le camp de la mort. Sans savoir quel écho rencontrerait mon initiative, j'avais lancé des invitations aux présidents des groupes présents dans l'hémicycle de Strasbourg. Parallèlement, les présidents des Chambres dans les différents pays de l'Union européenne étaient conviés à se joindre à nous. Pour la France, Philippe Séguin a répondu positivement, mais aussi des représentants d'Allemagne et d'Italie... Finalement, nous avons rempli un avion avec cent cinquante personnes, dont Simone Veil, ancienne présidente du Parlement européen. Le but de ce voyage était évidemment de faire prendre conscience de la réalité de la Shoah aux hommes et femmes en charge de la politique européenne ; cette connaissance me paraît primordiale dans la lutte menée aujourd'hui contre tous les racismes. Pour beaucoup, ce voyage a été une révélation et un choc : ils ont brusquement découvert ce que fut l'abomination nazie.

À cette occasion, j'avais prié Mgr Tadeusz Racoczy, évêque du diocèse local, de prendre la parole. Devant les ruines des chambres à gaz, il a très bien commencé son intervention...

– J'essaie de deviner la souffrance de ces hommes, femmes et enfants, ici, sur cette terre inhospitalière, avec la menace quotidienne de la mort, sentant l'odeur des corps brûlés. Cette souffrance a été terrible...

Il a vraiment parlé avec émotion du supplice des déportés, mais soudain, il a tourné une page de son texte, repris son souffle et prononcé ces mots terribles :

– Maintenant, mes chers amis, je dois vous dire : qu'est-ce que toute cette souffrance à côté de la souffrance du Christ sur la croix ?

Simone Veil et moi avons échangé un regard atterré. Ces paroles nous ont fait mal car elles étaient lourdes d'un sens tragique. Non seulement elles annihilaient les épreuves des déportés, mais surtout elles renvoyaient au vieil antisémitisme chrétien qui s'acharne depuis des siècles à opposer à l'image rédemptrice du Christ celle du martyrologe juif présenté comme un éternel châtiment.

L'un des plus bouleversants voyages vers Auschwitz qui m'ait été donné de vivre se fit en train, sans personnalités prestigieuses, sans journalistes à l'affût, sans représentations officielles. Nous avions emmené plus de mille personnes, dont de très nombreux jeunes de lycées et collèges accompagnés de leurs instituteurs ou des directeurs d'établissement. Reliés par haut-parleurs aux wagons sonorisés, nous pouvions faire passer des messages pour expliquer ce qu'avait été la Shoah. Dans une voiture, se trouvait une classe entière d'un lycée de Nancy avec son maître, un homme dont on ne connaissait rien. À un moment donné, l'un des rabbins qui nous accompagnaient passa dans le compartiment et surprit le professeur faisant part de son émotion à ses élèves :

– Ce voyage me touche particulièrement car mes deux parents sont morts à Auschwitz. Ils ont été arrêtés le jour même où je devais fêter ma bar-mitzvah...

Le rabbin lui a demandé :

– Vous n'avez pas fait votre bar-mitzwah depuis ?

– Non.

– J'ai un rouleau de la Torah avec moi, vous allez la célébrer à présent, dans ce train...

Déroulant le parchemin sacré, le rabbin lui a fait réciter les versets prescrits, et la cérémonie a été transmise dans tous les wagons. Et, tandis que nous roulions vers Auschwitz, les jeunes participaient à l'événement en dansant et en lançant des bonbons... Le passé dramatique et le futur rayonnant s'entremêlaient.

Des voyages vers Auschwitz continuent de se faire chaque année, notamment au départ de Strasbourg, et j'en ai parlé récemment à Xavier Darcos, ministre délégué pour l'Enseignement scolaire. J'y ai conduit, avec des élèves de différentes écoles, Hamlaoui Mekachera, secrétaire d'État aux Anciens Combattants, et Éric Raoult, vice-président de l'Assemblée nationale. De nos jours où les actes antisémites se multiplient en France, je suis persuadé qu'il est plus nécessaire que jamais de poursuivre ce programme éducatif et d'emmener sur place le plus grand nombre possible de jeunes filles et de jeunes gens. Sur cette terre de la douleur, ne percevront-ils pas alors à quelle atrocité aboutit le racisme ? Après cela, oseront-ils encore crier « Mort aux Juifs », incendier des synagogues ou molester des rabbins ? Et peut-être aurons-nous fait ensemble un pas vers la tolérance et la fraternité entre les communautés.

3

LA VOCATION JUIVE

Les jours de la Libération furent comme une renaissance. Malgré les peines et les deuils, l'existence reprenait son cours, la vie était plus forte que la haine destructrice. De retour à Strasbourg, j'ai passé l'oral du baccalauréat en septembre 1945 et suis entré en classe de philo au mois d'octobre. L'année suivante, l'indispensable bachot en poche, j'ai intégré la faculté de droit.

Entre-temps, j'avais retrouvé le rabbin Abraham Deutsch, mon professeur en matière confessionnelle au collège avant la guerre [1]. Sous l'Occupation, replié à Limoges avec une partie de la communauté strasbourgeoise, il s'était évertué à maintenir la flamme du judaïsme malgré les vicissitudes du temps et puis, après avoir regagné Strasbourg, il fut de ceux qui reconstruisirent une communauté encore dévastée et dispersée. Sans que personne ne l'ait mandaté tout d'abord, animé

1. Dans les trois départements concordataires, Haut-Rhin, Bas-Rhin et Moselle, l'enseignement religieux est encore proposé dans les écoles publiques puisque certaines dispositions modifiées entre 1870 et 1918 (période durant laquelle ces départements faisaient partie de l'Empire allemand) sont toujours en vigueur. Elles concernent des domaines aussi différents que le culte, les assurances sociales, le droit commercial.

de sa seule énergie et de sa propre volonté, Abraham Deutsch joua le rôle de maître spirituel et d'organisateur. Dans les mois suivants, alors qu'on espérait encore le retour de René Hirschler, il fut nommé grand rabbin à titre intérimaire par le Consistoire puis confirmé dans ses fonctions dès 1947. Il fonda à Strasbourg la première école juive, réussit à regrouper les institutions sociales et développa avec efficacité la communauté qu'il avait aidée à reconstruire.

Profondément bon, très strict sur le respect des lois juives et ennemi des concessions, le grand rabbin Deutsch devint mon maître sur le plan religieux. Avec patience, intelligence et attention, il m'a permis d'approfondir la richesse de notre patrimoine spirituel. Sans doute ne suis-je pas devenu le Juif absolument pratiquant qu'il aurait souhaité, mais je crois avoir intégré et suivi l'essentiel de son enseignement.

Son successeur, Max Warschawski, fut pour moi un autre maître. Grand rabbin de Strasbourg dès 1954, personnage au charisme resplendissant, il me donna l'exemple d'un combat permanent destiné à conserver l'unité de la communauté dans le respect de la diversité des traditions, sans rejeter personne, quel que soit son niveau de foi et d'implication communautaire. Sous son autorité, le judaïsme strasbourgeois demeura soudé et fraternel, la vie juive locale s'enrichit de l'engagement de nombre d'étudiants et d'intellectuels propre à développer dans l'harmonie une vie culturelle et cultuelle d'un dynamisme rarement atteint.

Le troisième de mes maîtres fut le professeur André Neher, et je me considère comme son disciple, son fils spirituel oserais-je dire en évoquant la respectueuse amitié qui me liait à lui. Pour toute ma génération, Neher a joué un rôle de premier plan dans l'élaboration d'une pensée juive moderne appuyée sur la tradition biblique. Professeur d'allemand avant la Seconde Guerre mondiale, il se consacra pleinement aux études juives après la Libération et, pour lui, fut créée plus tard la chaire de judaïsme de l'université de Strasbourg.

La publication en 1946 de son ouvrage *Transcendance et Immanence* s'imposa comme un événement considérable car l'auteur nous indiquait le sens et le rôle du Juif dans le dessein divin. Répondant en quelque sorte à Jean-Paul Sartre, pour qui le Juif est « un homme que les autres hommes tiennent pour juif », Neher rétorquait : « Le Juif n'est ni tel qu'il se voit lui-même ni tel qu'il est vu par les autres, mais tel qu'il est vu par Dieu. »

La relation de l'homme à Dieu, symbolisée par la notion de *berith*, d'Alliance, constitue une sorte de contrat dont émerge une « conception coopérante du divin et de l'humain ». André Neher signale les conséquences qui en découlent, et pour l'homme et pour Dieu : « Le choix divin investit l'homme d'une tâche précise, une œuvre en commun. La berith est moins alliance d'hommes avec un Dieu dont le secours leur est indispensable que l'alliance de Dieu avec des hommes dont il a besoin pour créer Son œuvre. Elle place les hommes dans le temps d'un Dieu qui les appelle. »

Transcendance et Immanence eut encore pour immense mérite de proposer une approche renouvelée du texte biblique. Il s'agissait de substituer à un regard plus ou moins archéologique une empathie qui nous fasse revivre l'épopée ancienne comme des événements de notre temps nous concernant directement. La lecture suggérée fait des personnages bibliques nos contemporains et met en évidence, au-delà des siècles, la permanence des sentiments et des comportements humains. Parlant de Moïse, l'auteur notait : « Il est resté constamment, de génération en génération, le compagnon vivant du peuple juif. »

Enfin, André Neher sut donner une place essentielle, constitutive de l'être juif, au retour du peuple sur sa terre ancestrale : « Si l'homme juif a été souvent défini comme étant l'homme de l'espérance, je sais maintenant que l'État juif représente, lui, l'espérance de l'homme. »

Il est remarquable de noter que les trois maîtres que j'avais choisis en ma jeunesse, tous fortement implantés dans la terre alsacienne, quittèrent finalement Strasbourg pour gagner Israël et s'installer à Jérusalem. André Neher et Abraham Deutsch peu après la guerre des Six-Jours de 1967, Max Warschawski plus tard, au moment de prendre sa retraite. Ils accomplirent ainsi l'ancienne promesse biblique et mirent en accord d'une manière éclatante leur existence avec leur identité profonde. C'est en Israël, dans l'espace géographique de notre histoire, qu'ils allèrent vivre pleinement leur judaïsme, dans la fierté d'un lien retrouvé.

Je n'ai jamais oublié les leçons de ces trois personnages exceptionnels, et quand j'avance qu'ils ont été mes maîtres, je le dis avec la pleine conscience de l'importance qu'accorde le judaïsme à l'enseignement. Le *Choulhan Arouch* [1] nous rappelle que le maître est celui qui prépare son élève à la vie éternelle ; en conséquence, il a droit à plus d'égards et plus de dévouement encore que ceux dus aux parents : « Placé devant l'alternative de rapporter et de garder l'objet perdu par ton maître ou ton père, tu t'occuperas en premier lieu de l'objet perdu par ton maître. Si ton père et ton maître succombent en même temps sous leur charge, tu courras d'abord au secours de ton maître. »

Mes maîtres m'ont appris que la Torah contient tout : c'est le code universel dans lequel il faut puiser à chaque moment, et je prétends que ses valeurs peuvent constituer une aide considérable pour l'ensemble de la famille humaine. Voilà pourquoi, de longues années après, en 1998, alors président de la Commission nationale consultative des Droits de l'homme, j'ai organisé à Paris, avec la commission culturelle du Consistoire central israélite, un colloque sur le thème : « Les sources bibliques des Droits de l'homme ».

Le souvenir de l'enseignement de mes maîtres demeurait vivant en moi lorsque je pris la parole pour citer le prophète Isaïe : « Le voici, le jeûne que j'aime, c'est de rompre les chaînes de l'injustice, de dénouer les liens de tous les jougs, de renvoyer libres ceux que l'on opprime et de briser enfin toute servitude, puis encore de partager son pain avec la famille, de recueillir dans ta maison

1. Littéralement la « Table dressée ». Code des préceptes et des commandements qui régissent la vie du Juif religieux. Rédigé au début du XVIe siècle par Joseph Caro, commentateur né en Espagne et qui vécut à Safed, en Palestine. (Les textes cités ici sont extraits de la section Yoreh Déah 232-234.)

les malheureux sans asile, de les vêtir, de ne jamais se dérober à ceux qui sont comme ta propre chair [1]. »

Ainsi donc parlait Isaïe que son parent, le cruel roi Manassé, fit ligoter à un cèdre et scier en deux. Car, de tout temps, la répression contre les défenseurs des Droits de l'homme fut impitoyable et continue à l'être. Le prophète, notre contemporain, n'est-il pas aussi de tous nos combats pour la liberté, la justice, la paix, le pain quotidien, et le combat qui paraît le plus insolite : le droit à la vie ? « Tu ne tueras pas », dit le commandement. Aucune frontière, aucune nuit, aucune armée, aucun déguisement, aucune brume, aucune règle de souveraineté nationale ne doit nous empêcher de voir notre prochain, celui que la Bible nous enjoint d'aimer. Qui est ce prochain sinon celui qui paraît le plus lointain ? a dit le professeur Neher. La dénonciation des règles hypocrites de la souveraineté nationale est la vocation première des prophètes d'Israël. Le devoir d'ingérence qui, aux yeux de quelques-uns, semble être un concept créé par les défenseurs des Droits de l'homme d'aujourd'hui était déjà pratiqué il y a trois mille ans. Le prophète Jérémie, défaitiste, antimilitariste, est ce mutin qui se révolta pour des raisons morales contre le roi de Judée et son armée, et souhaita une capitulation devant Nabuchodonosor.

Dans l'aventure biblique, la sortie d'Égypte est l'épisode le plus chargé d'espérance. Pour la première fois dans l'Histoire, un peuple esclave est libéré de ses chaînes. Le désert, devant lui, est celui de la liberté, de la proclamation des Droits de l'homme. Ainsi est-il

1. Isaïe, chap. LVIII.

démontré qu'aucun esclavage n'est fatal. Que chaque homme, chaque peuple a droit à la liberté. Pour la première fois, un souffle de bonheur a traversé l'humanité.

Pourquoi Hitler a-t-il décidé la Shoah après la Nuit de Cristal [1], premier grand pogrom d'Europe occidentale ? Parce que nul Jonas ne se montra, parce que la Nuit de Cristal fut entourée du silence et de l'indifférence des nations. Qui ne dit mot consent. Le fameux charbonnier Hitler est resté maître chez lui.

Enfin, en conclusion des débats, j'ai cru devoir insister sur l'indivisibilité et l'universalité des Droits de l'homme. Dans un certain nombre de pays, asiatiques ou arabes, notamment là où la population vit sous la domination de la loi islamique, on considère que les Droits de l'homme sont une nouvelle religion que l'Occident veut imposer au monde entier. Or, ce colloque a permis de démontrer qu'il s'agit avant tout de principes, de valeurs, qui figuraient déjà dans des textes très anciens dont une grande partie de l'humanité – les fidèles des trois religions monothéistes – revendique la sagesse.

À l'été 1947, membre des Éclaireurs israélites, j'ai participé comme chef de troupe adjoint au grand jamboree qui réunissait les scouts du monde entier à Moisson, dans les Yvelines. Je pense que c'est aux EI et à leur formation que je dois d'être devenu un dirigeant communautaire – d'ailleurs la plupart des responsables actuels sont, comme moi, d'anciens éclaireurs. Sous

1. Dans la nuit du 9 au 10 novembre 1938, les SA organisèrent des manifestations antisémites « spontanées » dans toute l'Allemagne. Six cents synagogues furent incendiées, des magasins détruits, des bureaux dévastés et trente mille personnes envoyées dans les camps de concentration.

l'uniforme EI, nous avons acquis la volonté de participer à la vie juive, la force du militantisme et l'amour d'Israël. Dans un temps où le sionisme se voyait encore contesté à l'intérieur même du judaïsme, les fondateurs du mouvement, Robert Gamzon et Frédéric Hammel – Castor et Chameau selon leur totem scout –, étaient tous deux d'ardents partisans de l'édification d'un État juif, et ils ont su nous inculquer cet idéal.

J'ai ainsi été sensibilisé très vite à l'idée d'Israël, pays qui m'apparaissait d'abord comme un refuge pour les rescapés de la Shoah. Sur le terrain, les événements se précipitaient : au mois de novembre de cette année 1947, l'Organisation des Nations unies décidait le partage de la Palestine en deux États, l'un juif, l'autre arabe. Mes parents, à l'image de la majorité des Juifs de France, se sentaient bien loin de toutes ces péripéties proche-orientales. Leurs racines profondément ancrées dans le vieux terroir, ils étaient traditionalistes [1], vivant une foi sans excès, désireux avant tout de rebâtir sur les ruines de la guerre et de retrouver dans le pays une place contestée, bafouée, annihilée par quatre ans d'Occupation.

Pour ma part, un événement dramatique allait me faire ressentir au plus profond de moi-même la solidarité que je devais témoigner à la construction et à la préservation d'une patrie juive. Le 15 mai 1948, jour même de la déclaration d'indépendance d'Israël, les armées du Liban, de Syrie, d'Irak, de Jordanie et d'Égypte atta-

1. Contrairement au sens donné chez les catholiques, le terme de « traditionaliste » s'applique dans la communauté juive à ceux qui restent attachés à une pratique modérée de la religion.

quaient le jeune État. Mon chef scout, Raphaël Weiler, vibrant d'un esprit pionnier, s'embarqua aussitôt afin de s'enrôler dans les troupes mobilisées pour repousser l'invasion : il tomba à peine arrivé sur le champ de bataille. Il avait vingt-quatre ans. Si longtemps après, cette mort continue de me bouleverser, et le sacrifice de mon ami Raphaël m'attache à tout jamais au devenir d'Israël, malgré les difficultés et les incertitudes. Au-delà des divisions entre partis, des options prises par les uns et par les autres, ma position est simple : je suis pour le maintien d'Israël dans la paix et la sécurité.

En 1949, à l'âge de vingt ans, j'ai obtenu ma licence en droit. L'énergie et l'enthousiasme mis dans mon travail m'ont permis d'être distingué du titre de lauréat de la faculté à trois reprises... Certains professeurs tenaient à me voir passer l'agrégation, mais mon jeune âge a joué contre moi : on ne pouvait guère se présenter au concours avant vingt-cinq ans révolus. Il ne pouvait être question d'attendre aussi longtemps, j'ai donc renoncé à l'enseignement pour effectuer mon stage d'avocat tout en préparant un doctorat.

Mais le destin devait me faire changer de voie. En 1952, le frère de mon père, mon oncle Léopold, qui travaillait avec lui dans le commerce de textile, est décédé brusquement. Cette disparition a fait sombrer mon père dans la dépression et j'ai vite compris qu'il me fallait rejoindre l'affaire familiale : je ne pouvais en rester éloigné dans ces moments difficiles. Peu après, je quittais définitivement le barreau et pénétrais le monde de l'entreprise.

André Neher allait me pousser à m'engager dans l'action juive. Au printemps 1962, alors que la guerre d'Algérie entrait dans la phase finale des négociations et des accords, la communauté juive de Strasbourg s'organisait pour recevoir le maximum possible de rapatriés, des enfants d'abord, des familles entières ensuite, tous venus sur la terre de France reconstruire une vie brisée, déchirée par les événements.

Pour avoir brièvement séjourné au Maroc, André Neher et son épouse Rina connaissaient et admiraient le judaïsme d'Afrique du Nord, une population alors souvent ignorée en Alsace. Avant tout le monde, le couple Neher prit conscience de la responsabilité qui incombait à la communauté dans son ensemble : il créa l'association Ajira, Aide aux jeunes israélites repliés d'Algérie, et mobilisa toutes les bonnes volontés prêtes à répondre au défi historique de l'accueil des rapatriés.

En fait, une obsession tenaillait André Neher : celle de manquer ce rendez-vous fondamental. Âgé à cette époque de quarante-huit ans, il gardait le souvenir de la manière dont les Juifs des pays de l'Est avaient été reçus en Alsace avant la guerre. Avec leur accent, leur accoutrement, leur religiosité trop voyante, les réfugiés fuyant l'antisémitisme européen étaient apparus aux yeux des bons israélites locaux comme des individus étranges et étrangers : ils inspiraient crainte et gêne à une petite bourgeoisie soucieuse d'intégration et de bonne réputation. Il fallait surtout ne pas être confondus avec ces immigrés ! Durant longtemps, les deux communautés évitèrent soigneusement de se fréquenter, et les barrières de la méfiance se dressèrent longtemps avant de s'effondrer.

Neher avait raison de penser qu'une telle erreur ne devait se reproduire à aucun prix. Dans le *Bulletin de nos communautés*, bimensuel du judaïsme d'Alsace et de Lorraine, il lançait le 6 juillet 1962 cet appel « à la population juive » :

« Le rapatriement de nos frères et de nos sœurs d'Algérie a atteint des proportions bouleversantes. C'est l'échéance historique : le judaïsme d'Algérie, presque dans son ensemble, traverse la Méditerranée et vient chercher abri chez nous. De ce gigantesque renversement, nous sommes les témoins, nous sommes les responsables...

« Sous le choc qui menace de nous écraser, nous avons un seul devoir : TENIR.

« Face à la tentation sournoise de nous débarrasser sur autrui des problèmes et des hommes, nous avons une seule exigence : ÊTRE PRÊTS, ACCEPTER, AIDER.

« MAIS CETTE PREMIÈRE RÉPONSE NE SUFFIT PAS. En cette période de vacances, où nous risquons de perdre avec vous le contact, NOUS VOUS MOBILISONS POUR UNE TÂCHE PLUS URGENTE ET PLUS ÉLEVÉE : ÊTRE SANS RÉSERVES, SANS PRÉTEXTES, À LA DISPOSITION DE NOS FRÈRES RAPATRIÉS...

« Il ne suffit pas d'une pensée fugitive. Il faut la gamme inépuisable des actes, la présence constante auprès de nos frères, l'intérêt profond pour leurs soucis, le réconfort par le don de soi.

« Il ne suffit pas d'un soutien charitable. Il faut apprendre que le don de soi est un enrichissement exceptionnel, qu'en aidant nos frères à maintenir et à épanouir leurs admirables vertus humaines, religieuses, juives, nous avons la chance inouïe de nous revigorer nous-mêmes et notre vie juive et de sortir ainsi plus forts de l'épreuve...

« Au Centre d'accueil et dans ses dépendances, il ne suffit pas de bonnes volontés épisodiques. Il faut des cadres permanents, des agents d'accueil, de liaison, d'encadrement, qui puissent donner dans les villes, dans les campagnes, dans les colonies d'enfants, RÉGULIÈREMENT, CHAQUE JOUR, une fraction importante de leur temps.

« Plus les tâches sont ingrates, plus elles sont nobles et nécessaires. Vous avez fait un premier pas. Redoutez-vous d'en faire un second ? Raison de plus pour l'accomplir, car c'est précisément là où jusqu'ici vous avez manqué que l'on a besoin de vous, car c'est précisément ce qui n'a encore été réalisé qu'imparfaitement qu'il importe de parachever. »

En effet, en cet été 1962, des rapatriés parvenaient quotidiennement à Strasbourg, hébergés dans des locaux de fortune, particulièrement dans les salles du centre communautaire transformées en dortoirs. Ainsi arrivèrent près de cinq cents jeunes, souvent seuls, envoyés par leurs familles qui se préparaient à l'exil et répondaient à une circulaire du rabbin Albert Hazan de Strasbourg adressée à toutes les communautés d'Algérie au plus fort moment des troubles : « Vous ne pouvez pas, vous les adultes, sortir d'Algérie ; vos enfants, eux, peuvent sortir. Nous les accueillerons avec l'aide de Dieu et de la communauté ; nous avons une école juive à plein temps et des institutions. Faites-le avant que l'effusion de sang surprenne la vie de vos enfants... »

Ces enfants, tous issus des collèges et lycées français, furent normalement scolarisés dès la rentrée. C'est alors qu'André Neher, qui continuait à se dévouer corps et âme, me demanda d'imaginer des activités extrascolaires afin d'animer ces jeunes le week-end. J'ai sollicité tous mes amis, leur demandant de venir avec leur voiture afin d'organiser des sorties en forêt... Mais quelques dimanches plus tard, les volontaires, lassés de ces équipées, se sont faits rares. Il me fallait inventer autre chose.

C'est alors que j'ai eu l'idée de créer un club sportif dans lequel on s'entraînerait aux jeux collectifs : foot, basket, handball... L'AS Menora [1] a été une réussite totale. De nombreux jeunes Juifs, alsaciens et rapatriés, ont fraternisé autour du ballon, permettant un brassage souhaitable de tous les éléments de la communauté. Bien des enfants déracinés par l'exil ont été intégrés par le biais du sport et ont trouvé leur place sur le terrain avant de la trouver dans le pays. Cette expérience me fit comprendre combien était indispensable et enrichissante l'attention portée à son prochain. Et cette belle leçon, je la devais au professeur Neher. Car c'est bien en grande partie grâce à lui si l'arrivée massive de Juifs d'Afrique du Nord – ceux d'Algérie d'abord, puis ceux du Maroc et de Tunisie quelques années plus tard – s'est réalisée dans de bonnes conditions. Quarante ans après, il suffit d'observer les innombrables mariages contractés entre Ashkénazim et Séphardim [2] pour s'apercevoir que la fusion s'est opérée définitivement.

1. La *menora* est le chandelier traditionnel du culte juif.
2. Les Ashkénazim (les Allemands, en hébreu) sont les Juifs originaires des régions européennes, les Séphardim (les Espagnols) sont ceux qui viennent des pays d'Orient et d'Afrique du Nord.

En peu de temps, notre club est devenu l'un des plus importants d'Alsace pour le foot et le basket. Dans ce dernier sport, partis de rien, nous sommes parvenus à accéder en division nationale 2 ! Un beau succès, mais nous avons été contraints de renoncer à monter plus haut encore et à atteindre le sommet, il aurait fallu pour cela engager des moyens financiers qui n'entraient ni dans nos possibilités ni dans nos objectifs.

L'AS Menora a compté jusqu'à deux mille adolescents et jeunes adultes, et tient encore honorablement sa place dans le paysage sportif de la région. En outre, sa vocation d'ouverture et de melting-pot s'est étendue aux différentes composantes de la population. Hélas, trois joueurs d'origine arabe ont récemment décidé de quitter brusquement le club en raison des événements du Proche-Orient. J'ai reçu plusieurs lettres d'anciens membres de l'équipe profondément choqués par ce coup d'éclat : ils n'avaient jamais par le passé observé une quelconque friction entre Juifs et non-Juifs. Quelle que soit sa religion, chacun se sentait à l'aise dans une structure respectueuse de toutes les traditions.

Pendant ce temps, Strasbourg se transformait et devenait ville européenne. En effet, le Conseil de l'Europe avait été créé en 1949, et ses bureaux s'étaient trouvés initialement abrités modestement dans les locaux de l'université. Jeune étudiant, j'avais vu Winston Churchill, accompagné de plusieurs hommes politiques, venir signer solennellement l'acte fondateur de la nouvelle institution. Le Conseil, dont les buts furent dès l'origine de renforcer les Droits de l'homme et de jeter les bases idéologiques d'une Europe à construire, regroupa d'abord les principales nations libres du continent, tandis qu'un pays extra-européen se vit rapidement admis comme observateur : Israël. Pourquoi ? Parce que, dans un Orient compliqué, l'État juif était – et demeure – l'unique régime démocratique de la région. L'Égypte, la Libye, l'Irak, la Syrie, le Liban ont cherché, eux aussi, à obtenir ce précieux statut d'observateur, en vain. Le Conseil de l'Europe n'est ouvert qu'aux démocraties.

De ce poste privilégié qu'était devenu Strasbourg, je me suis livré à de nombreux combats politiques. J'ai ferraillé pour la première fois contre l'extrême droite au moment où un mouvement intitulé « Les droites européennes » voulait établir ses bureaux dans la ville. C'était bien avant l'émergence de Jean-Marie Le Pen, au temps de Jean-Louis Tixier-Vignancour, alors chef incontesté de l'extrême droite française. J'ai réuni tous les hommes politiques strasbourgeois, tous les syndicats, tous les représentants des partis démocratiques, et leur ai fait signer une déclaration commune contre l'installation en Alsace de cette formation aux relents fétides. Peu après, cette vitrine des droites européennes s'est désagrégée, et j'ai peut-être eu le mérite de me trouver, au moins partiellement, responsable de cette disparition.

Mais ma lutte essentielle était consacrée à défendre la position d'Israël, pays déjà violemment attaqué et critiqué. Je soutenais, conseillais, informais la délégation israélienne, souvent dépassée par les joutes diplomatiques européennes. Pour mener ces batailles, je n'étais pas seul : nous avions formé une petite équipe qui travaillait nuit et jour lors des sessions annuelles. Un ami fidèle, Francis Rosenstiel, fonctionnaire du Conseil, nous prévenait de ce qui se tramait au sein des hautes instances et nous orientait sur les meilleures manières de faire entendre notre voix. Nous nous escrimions alors à expliquer aux représentants des différentes délégations des pays membres les raisons pour lesquelles ils devaient voter de telle ou telle manière. Attachés à défendre la position israélienne, nous les harcelions dans les coulisses de l'hémicycle et parfois jusque dans les hôtels où ils étaient descendus. Cet acharnement toujours recommencé réclamait des efforts constants et répétés, mais l'action a été souvent couronnée de succès, et nous avons pu éviter, à plusieurs reprises, la promulgation de résolutions injustes et partiales.

En dépit de l'idéalisme obstiné de quelques-uns, la communauté juive dans son ensemble demeurait assez indifférente au sort d'Israël. Tout devait basculer en 1967. Cette année-là, une tension d'une extraordinaire intensité poussait le colonel Nasser, raïs égyptien, à vitupérer « l'entité sioniste » et à mobiliser son armée pour « jeter les Juifs à la mer »... Des cris d'hystérie retentissaient dans tout le monde arabe, appelant à l'union sacrée contre Israël : le temps était venu d'éradiquer cette excroissance juive établie sur la terre musulmane. L'existence même d'Israël semblait menacée. Vingt-deux ans après la Seconde Guerre mondiale, d'horribles images resurgissaient, les incitations au carnage lancées par les dirigeants arabes réveillaient en nous de douloureux souvenirs, encore une fois le monde voulait nous imposer le rôle de victime désignée. Un incroyable élan de solidarité saisit alors l'écrasante majorité des Juifs à travers le monde, c'était soudain comme si notre vie même dépendait de la pérennité d'Israël. Des intellectuels, des artistes, qui ne s'étaient jamais signalés par un très puissant engagement dans ce domaine, ont soudain laissé éclater leur angoisse. De cette époque date la fameuse réflexion de Raymond Aron : « Je sais aussi, plus clairement qu'hier, que l'éventualité même de la destruction d'Israël, qu'accompagnerait le massacre d'une partie de la population, me blesse jusqu'au fond de l'âme. En ce sens, j'ai confessé qu'un Juif n'atteindrait jamais à la parfaite objectivité quand il s'agit d'Israël. » Déclaration qui m'a touché au plus profond de mon âme, car Raymond Aron a laissé ici véritablement s'exprimer son cœur et ses tripes. Bien plus tard, j'en ai parlé avec Dominique Schnapper, la fille du philosophe : nous étions tous deux vivement émus en évoquant ces lignes, et nous en avions les larmes aux yeux.

Début juin 1967, au moment où allait éclater la guerre entre Israël et ses voisins, je me trouvais à Vittel où je suivais une cure. Nous étions quelques-uns à nous réunir tous les soirs pour prendre un verre, et les nouvelles nous arrivaient par la presse, plus alarmantes à chaque édition... Retrait des casques bleus, fermeture du détroit de Tiran sur la mer Rouge, alliance bilatérale jordano-égyptienne, bruits de guerre de Damas au Caire... Devant la situation explosive au Proche-Orient, je ne pouvais rester les bras croisés.

– Faites ce que vous voulez, mais j'estime pour ma part que mon devoir n'est pas de rester ici, je rentre, ai-je annoncé à mes amis curistes.

À Strasbourg, René Weil, président de la communauté, mobilisait tous les Juifs de la ville dans le but d'organiser une grande collecte de soutien à Israël. Comme tant d'autres, j'ai pris part à ce travail.

Puis les événements se sont enchaînés. En un jour, les Mirage III israéliens ont détruit l'aviation égyptienne. Ensuite, les troupes égyptiennes du Sinaï ont été défaites, les soldats vaincus fuyaient pieds nus pour courir plus vite, laissant des montagnes de chaussures dans le désert. Jérusalem a été libérée et, devant le Mur occidental, vestige du Temple, interdit aux Juifs si longtemps, ont résonné de nouveau le son plaintif du *choffar* et les accents des chants d'espoir de la liturgie traditionnelle...

La guerre des Six-Jours a été vécue avec énormément d'émotion par toutes les communautés de la diaspora. Après avoir frôlé la catastrophe, la victoire totale d'Israël consolidait un peu plus notre fierté d'être juif et imposait au monde une nouvelle image d'un peuple bien décidé à vivre.

En France, hélas, la politique étrangère subissait un virage radical sous l'autorité du général de Gaulle. On se souvient de la petite phrase du chef de l'État sur les Juifs, « peuple d'élite, sûr de soi et dominateur », paroles signifiant que la France, naguère « amie et alliée d'Israël », basculait du côté arabe. Quant à Georges Pompidou, répondant à une question embarrassante sur ce sujet, il lançait avec rage :

– Il n'y a pas d'abonné au numéro que vous avez demandé !

La crainte que la guerre des Six-Jours a suscitée, l'espoir qu'elle a engendré, la dignité qu'elle nous a conférée ont fortement marqué le monde juif. À Strasbourg, toute une intelligentsia est partie s'installer à Jérusalem, portant désormais sur Israël son attention, sa réflexion et son énergie.

Pour ma part, j'estimais que je pouvais être plus utile au judaïsme et à Israël depuis la France. Et que l'on ne vienne pas me parler de la vieille tarte à la crème de la double allégeance, débat ringard de quelques attardés obtus ! Chacun peut aimer son père et sa mère, et ma fidélité juive n'entame en rien mon attachement sincère à la France, pays qui est le mien.

De fil en aiguille, d'actions ponctuelles en engagements politiques, j'ai été appelé comme administrateur de la communauté juive de Strasbourg, et j'en suis devenu le président en 1972, poste que j'ai occupé dix-huit ans durant.

En même temps, mon épouse Nicole, issue d'une famille juive alsacienne qui a toujours manifesté son patriotisme français, s'occupait des œuvres sociales de l'École ORT [1] de Strasbourg et dirigeait une organisation de jeunes Juives de la région puis, plus tard, une organisation des femmes d'Alsace, toutes confessions confondues, et siégeait encore au conseil économique et social d'Alsace dont elle devint vice-présidente. Mes deux fils s'investissaient également dans le militantisme, l'un dans l'Union des étudiants juifs de France dont il devint le président local, l'autre à l'Appel unifié juif, organisme de collecte pour la communauté et pour Israël.

---

1. Organisation, Reconstruction, Travail. Lycée technique professionnel.

En somme, toute une famille de militants ! Je me souviens ainsi d'une journée où nous avons rencontré à tour de rôle Claude Cheysson, alors ministre des Affaires étrangères, afin de protester contre la venue en France de Yasser Arafat. Au nom de nos organisations respectives, nous nous sommes quasiment succédé : j'ai vu le ministre le matin, ma femme lui a rendu visite à midi et un de mes fils dans l'après-midi ! Au troisième Kahn, Cheysson a eu comme un mouvement d'étonnement et d'incrédulité !

Si la communauté juive de Strasbourg n'est pas la plus importante en nombre, elle est sans doute la plus rayonnante, et j'espère lui avoir apporté un sang neuf en développant ses relations culturelles et idéologiques avec Israël. Une série de petits événements, conférences d'intellectuels, voyages, échanges de jeunes, les uns allant travailler dans les kibboutz, les autres venant découvrir la France, ont fini par tisser entre nous des liens indéfectibles.

Mais une communauté ne représente pas seulement un engagement exaltant pour de grandes causes, elle impose aussi un patient ouvrage fait de modestes tâches accumulées, destinées à maintenir et à développer des centres de jeunesse, des classes d'enseignement, des lieux de culte, des structures sociales... Pour venir à bout des difficultés, pour administrer au plus près cette communauté aux multiples facettes, j'ai appliqué la méthode qui me guide encore dans mon activité militante : un investissement absolu de ma part, sans ménager ni mon temps ni mon travail, souhaitant de cette manière inspirer chez les autres un dévouement aussi total. Je répète souvent à mes collaborateurs que les officiers israéliens se précipitent toujours à la tête de leurs troupes dans les combats ; à notre petite échelle, nous devons suivre ce modèle dans le travail quotidien.

D'ailleurs, je suis toujours resté proche de la communauté juive d'Alsace puisque je suis devenu plus tard président du consistoire du Bas-Rhin. Ce qui me permet d'entretenir des relations chaleureuses avec le grand rabbin de Strasbourg, René Gutman, un philosophe émérite pour qui j'ai une grande estime. J'ai aidé aussi à construire une synagogue dans la banlieue strasbourgeoise, lieu de culte auquel on a donné le nom de Shlomo, mon prénom hébraïque.

En tant que président de la communauté, j'ai connu à Strasbourg des moments intenses et émouvants. Je me souviens en particulier de la venue de Golda Meir, alors Premier ministre d'Israël. C'était le 30 septembre 1973, quelques jours avant la guerre de Kippour. Pour la première fois, un long-courrier atterrissait à l'aéroport d'Entzheim, et nous étions plusieurs responsables, communautaires et politiques, à l'attendre sur le tarmac. Le gouvernement français appliquait alors à Israël un rigoureux boycottage militaire, refusant de livrer à l'État juif des chasseurs bombardiers pourtant commandés et payés. Je vois encore l'avion de ligne israélien passer au-dessus d'une quinzaine de ces fameux Mirage rangés sur la piste : toute la politique franco-israélienne se résumait dans cet étrange ballet... Puis nous avons vu Golda sortir de l'appareil – quelle émotion devant cette vieille dame si frêle d'apparence et pourtant si forte dans sa détermination ! C'était une femme sans fioriture, sans apparat, avec de simples baskets aux pieds et le chignon en bataille, car peu lui importait le luxe du pouvoir. Pour elle, seule comptait l'efficacité.

Lors du dîner offert par le Conseil de l'Europe, elle a improvisé un discours bouleversant. Elle a sorti de son sac un petit livre, l'a feuilleté, a levé enfin son regard vers nous pour dire que ce volume représentait à ses yeux l'objet le plus précieux : page après page s'égrenaient les noms et les photographies de tous les jeunes Israéliens tombés pour le pays... « Mes enfants », a-t-elle dit avant de conclure sur ces mots :

– Tout mon combat consiste à éviter que d'autres noms s'ajoutent à cet ouvrage...

Un frisson a parcouru l'assistance. Comme nous tous, Pierre Pflimlin, maire de Strasbourg, un homme pourtant plutôt dur et rompu à la diplomatie, était au bord des larmes.

De Strasbourg, Golda Meir est allée à Vienne pour rencontrer le chancelier d'Autriche, Bruno Kreisky, qui l'a fort mal reçue. À son retour en Israël, elle a confié :

– Kreisky ne m'a même pas offert un verre d'eau.

Le chancelier était pourtant né juif, il avait même un frère qui vivait en Israël. D'où provenait ce mépris affiché avec tant d'arrogance ? Je l'ignore. Il est vrai que cela se passait au moment de la guerre froide, et l'Autriche, située géographiquement entre les deux blocs, devait manœuvrer habilement pour rester en dehors des conflits qui déchiraient le monde.

L'antisémitisme, toujours vivant dans ce pays, n'était peut-être pas tout à fait étranger à l'attitude du chancelier. Récemment, au cours d'un voyage à Vienne, on m'a raconté une blague qui m'a immanquablement fait penser à la position de Kreisky autrefois... Un Juif américain, originaire d'Autriche, visite Salzbourg avec sa femme. Il la prévient :

– Tu verras, ils sont encore aussi antisémites qu'ils l'ont toujours été...

Le couple sort de l'hôtel et voit devant le palais du festival un mendiant assis par terre avec une grande pancarte : « Je n'accepte pas l'argent des Juifs ». Le touriste, hors de lui, se précipite, insulte copieusement le misérable :

– Vous ne changerez donc jamais...

Il s'énerve, gesticule, alors le mendiant se lève lentement et marmonne dans un yiddish parfait :

– Vous n'allez pas m'apprendre à moi comment *schnorren* [1] ici en Autriche !

Le Conseil de l'Europe se trouvait toujours au centre de mes préoccupations. Dans les coulisses de l'institution, j'ai pu m'entretenir avec des personnalités de premier plan auprès desquelles je plaidais avec acharnement la cause du judaïsme et d'Israël. C'est là que j'ai été présenté pour la première fois à Jacques Chirac, nouvellement élu maire de Paris. Tout de suite, un courant de sympathie s'est établi entre nous. Depuis, nous avons continué à entretenir d'excellentes relations, et il est devenu un ami personnel. Maire, Premier ministre, puis président, il est toujours resté conscient de la nécessité de la lutte contre toutes les formes de racisme et m'a

1. Mendier, en yiddish.

régulièrement soutenu dans mes actions, demeurant d'une inébranlable fidélité. En 1982, j'ai emmené le futur président de la République visiter Israël pour la première fois. Je pensais qu'il était important de lui permettre de découvrir la réalité vécue par l'État juif. À cette occasion, il s'est lié d'amitié avec le Premier ministre Yitzhak Shamir ; l'Israélien, petit homme dynamique et volontaire, ne pouvait que séduire l'énergie et la détermination du Français.

J'ai également rencontré à Strasbourg le roi Hussein de Jordanie. En m'entretenant avec lui, j'ai pu constater qu'il se révélait indiscutablement un homme de dialogue, un souverain lucide et intelligent. Pour entraîner son peuple vers le progrès et le développement, il avait besoin de la paix au Proche-Orient, et, dans cette perspective, il avait très souvent négocié avec des dirigeants israéliens à Tel-Aviv ou à Amman. D'ailleurs, les pourparlers entre eux se trouvaient beaucoup plus avancés qu'on ne l'imaginait généralement.

Sur le plan national, je me trouvais en rapport avec les différentes formations politiques. Et ce n'était pas toujours aisé. Les Verts, par exemple, se sont toujours voulus fièrement tiers-mondistes et favorables aux thèses palestiniennes. Personnellement, je n'ai jamais compris leur hostilité systématique contre Israël : voilà un pays qui fut l'un des premiers à prêcher le retour à l'écologie, à lutter contre la désertification, à prôner l'énergie solaire non polluante. Je l'ai dit un jour à Antoine Waechter, qui ne comprenait d'ailleurs pas grand-chose à ce que je tentais de lui expliquer. Il m'a opposé un seul argument, atterrant :

– Oui, mais vous, les Juifs, vous égorgez les animaux dans les baignoires !

Que répliquer à ce genre d'absurdité ? Quand on prétend à des responsabilités politiques, on devrait tenter de se renseigner un tant soit peu avant d'articuler de telles stupidités.

Et puis, il y avait le problème des Juifs d'URSS. Sous le joug communiste, trois millions de Juifs interdits d'émigration se voyaient privés de la liberté élémentaire de transmettre leurs traditions et d'exprimer leur foi. Nous avons mené différentes actions pour faire connaître le sort de la culture juive en Union soviétique. Manifestations, conférences et barrages sur le pont du Rhin – passage entre la France et l'Allemagne – ont permis, année après année, d'alerter l'opinion publique des pays libres.

Lorsque des délégations soviétiques venaient négocier avec les instances européennes, je m'efforçais de les rencontrer, à Strasbourg ou à Bruxelles. Mais le contact avec les officiels du Kremlin se révélait pénible : mes interlocuteurs s'exprimaient dans une langue de bois difficile à décrypter, et tout semblait figé pour l'éternité.

Je me suis rendu plusieurs fois à Moscou et à Stalingrad pour visiter ceux qu'on appelait les « refuznik », ces dissidents courageux qui, en raison de leur désir affiché de partir pour Israël, avaient perdu leur travail et se retrouvaient dans des situations précaires. Étranges voyages... Filés par les agents du KGB, la police politique soviétique, nous nous rendions dans des réunions clandestines où les Juifs bannis de la société inventaient une vie provisoire, dans l'attente d'un départ hypothétique. Des visiteurs se rendaient ainsi régulièrement derrière le rideau de fer pour apporter aux victimes du système communiste une aide dans leur vie quotidienne et un soutien dans leur combat par des livres et des objets de culte.

Ida Nudel, Vladimir Slepak, Yossef Begun, Anatoly Chtcharansky furent les symboles de la résistance. Accusé d'espionnage et de haute trahison pour avoir exprimé des idées démocratiques, Chtcharansky, mathématicien moscovite, avait été condamné à trois ans de prison et dix ans d'internement dans un camp à régime spécial. Son épouse Avital, installée à Jérusalem, avait fait de cette affaire un cas exemplaire. Ce « prisonnier de Sion » cristallisa autour de son nom les espoirs et les tourments de la lutte pour les Juifs soviétiques. Enfin, en 1986, échangé contre un espion soviétique arrêté aux États-Unis, il put s'envoler vers la liberté. En Israël, il a formé un parti politique, expression des émigrés de Russie, et son engagement l'a conduit jusqu'à un portefeuille ministériel. Il a été happé par la vie politique sous tous ses aspects.

À chacune des sessions de l'Assemblée parlementaire, une délégation israélienne était présente à Strasbourg, composée à part égale de représentants de la gauche et de la droite. Je recevais désormais chez moi quasiment tous les émissaires envoyés par Jérusalem, ce qui m'a permis de nouer des contacts étroits et répétés avec la plupart des leaders israéliens.

Je dois avouer que la classe politique israélienne, dans son ensemble, se montrait plutôt décevante. Même les anciens, les grandes figures entrées dans la légende de l'épopée sioniste, n'étaient pas toujours de brillants esprits. D'ailleurs, il suffisait de comparer ces politiciens avec leurs homologues européens : la différence d'envergure sautait aux yeux. Les Israéliens ne savaient ni se comporter dans une assemblée ni se tenir dans une réception, et le plus souvent ils ne comprenaient rien aux affaires européennes. J'ai souvent suggéré à mes amis israéliens d'inculquer à leurs diplomates quelques petites règles élémentaires de savoir-vivre et les notions essentielles des relations internationales.

Les officiels israéliens parvenaient même à choquer la diaspora ! Quand nous les invitions au restaurant, nous nous appliquions à ne manger que des plats autorisés par la loi religieuse alors qu'eux se plaisaient à commander toutes les cochonnailles possibles. Parvenu au pouvoir, Menahem Begin a mis un terme à ces pratiques et a donné instruction à ses émissaires à l'étranger de ne manger que *casher* en public afin de ne pas heurter la sensibilité des communautés juives.

Un jour, j'ai confié à Colette Avital, qui était en poste à l'ambassade d'Israël à Paris après avoir eu la charge d'une école israélienne de responsables politiques, que ses anciens élèves avaient encore beaucoup à apprendre... J'ai prêché dans le désert, rien n'a changé : les leaders actuels ne sont guère plus imposants.

Cela dit, il y a des exceptions notables, fort heureusement. Shimon Peres, que je connais depuis très longtemps, est un homme de grande valeur, clairvoyant, intelligent, capable de plonger son regard loin dans l'avenir. Pourquoi n'a-t-il pas repris le flambeau immédiatement après l'assassinat d'Itzhak Rabin (4 novembre 1995) ? Pour quelle obscure raison a-t-il tenu à rester en seconde ligne, abrité sous le symbole du Premier ministre disparu ? Je ne sais pas, mais j'y vois un terrible gâchis.

À Strasbourg, Peres n'a pas toujours eu la tâche facile. Je me souviens d'une session plénière du Parlement européen où il avait été convié par le groupe socialiste. Je l'ai amené à la séance, puis je suis revenu le chercher et l'ai conduit chez moi. Il s'est affalé sur un fauteuil, a pris un whisky pour se remonter et m'a lancé, amer :

– Les socialistes qui m'ont invité sont les plus hostiles de tous...

Je crois même qu'il a utilisé, en hébreu, un mot plus pimenté. Alors que les autres partis s'étaient montrés plutôt courtois, les socialistes l'avaient violemment attaqué. Il n'arrêta pas, de toute la soirée, de vitupérer ses « amis » de la gauche européenne.

Je connais bien également Ariel Sharon, même si nos relations sont plus récentes. Il sait ce qu'il veut et n'ignore rien de la manière d'affirmer ses positions. C'est un réaliste avant tout, et je pense que la négociation entamée avec les Palestiniens pourra être menée à bien sous son égide. La première fois que je l'ai rencontré, j'ai eu avec lui un long entretien à l'issue duquel j'ai cru pouvoir suggérer à Jacques Chirac d'essayer de trouver un moyen de le recevoir, précisant qu'il y aurait sans doute la possibilité d'envisager avec cet homme pragmatique un arrangement entre Israéliens et Palestiniens... Malheureusement, la rencontre n'a pas eu lieu. L'entourage du Président, en particulier les hauts fonctionnaires du Quai d'Orsay, s'y est opposé.

Pour que Sharon puisse conclure un accord définitif avec les Palestiniens, il faudrait d'abord qu'intervienne chez ces derniers un changement de leadership et que Mahmoud Abbas, le Premier ministre palestinien, affirme son autorité. L'OLP cherche-t-elle vraiment l'apaisement ou rêve-t-elle toujours de conquérir tout Israël et de jeter les Juifs à la mer ? Au moment de la guerre du Golfe, en 1991, Yasser Arafat et Saddam Hussein n'ont-ils pas clamé tous deux qu'ils entreraient ensemble dans Jérusalem sur un cheval blanc ?

En fait, Arafat n'a jamais eu l'intention de réaliser les accords d'Oslo. Ce processus de paix, dont l'initiative, en définitive, ne revient ni à Peres, ni même à Rabin, a été négocié, et sans doute mal ficelé, au bord d'un lac norvégien par des professeurs de l'université de Haïfa et une équipe de conseillers palestiniens. Personnellement, je n'y ai jamais cru, même si je m'efforçais d'espérer. Mais je savais que la haine était trop puissante.

Aujourd'hui, Peres lui-même a des mots très durs lorsqu'il parle d'Arafat, il affirme à qui veut l'entendre qu'on ne peut absolument pas lui faire confiance. Quant à Ehoud Barak, l'ancien Premier ministre qui se déclarait prêt à de très larges concessions, je l'ai entendu dire :

– Jamais ces gens-là ne voudront la paix !

Mais « ces gens-là » finiront par abandonner le terrain politique qu'ils tiennent depuis plus de trente ans, une nouvelle génération palestinienne émergera et acceptera peut-être la coexistence.

Je pense qu'Israéliens et Palestiniens parviendront à trouver un accord ; mais pour cela, il faudra accepter compromis et renoncements de part et d'autre. Dans cette optique, je suis opposé au développement des implantations en Judée-Samarie, et si certaines devront sans doute être maintenues, bien d'autres pourraient être évacuées sans aucun dommage. Une exigence de la « feuille de route » que le gouvernement de Jérusalem semble accepter. Je n'ignore pas qu'une minorité juive agissante s'accroche à ces territoires en raison des puissants liens bibliques qui y sont attachés. Que leur répondre, sinon que la vie revêt plus d'importance que la terre ? Telle a été, en tout cas, la conclusion d'un congrès de rabbins réuni à Jérusalem. Je me range entièrement à l'avis de ces maîtres spirituels : être juif, c'est respecter la vie. « J'ai placé devant toi la vie et la mort, la bénédiction et la malédiction. Mais tu choisiras la vie », commande la Torah [1].

Si la décision rabbinique m'impressionne par sa hauteur de vue et son humanité, je ne me montre guère favorable, en revanche, à l'existence de partis religieux en Israël. Je ne crois pas qu'il soit bon de confondre patrie et confession. L'État peut conserver sa dimension juive – qui lui est essentielle – sans pour autant privilégier une expression politique fondée exclusivement sur la religion. Ces formations théocratiques, qui pèsent d'un poids non négligeable à la Knesseth, devraient s'effacer et ne plus orienter le devenir du pays.

Quant à un éventuel État palestinien, il faudra bien, un jour, considérer que deux nations peuvent coexister

1. Deutéronome, XXX, 19.

sur cette terre. Viendra le temps où elles vivront côte à côte, pacifiquement je l'espère. Je suis donc en faveur de cet État palestinien, mais à la condition que celui-ci ne soit pas un danger pour l'existence d'Israël. En conséquence, il s'avérera nécessaire de faire preuve d'une infinie prudence dans les discussions à venir. D'ailleurs, la future patrie palestinienne ne pourra perdurer que si elle parvient à s'épanouir à côté de l'État juif. Il n'y a pas si longtemps, des milliers de Palestiniens venaient chaque jour remplir un emploi en Israël : ces hommes qui franchissaient la « ligne verte [1] » pour nourrir leur famille et vivaient de l'économie israélienne ont besoin d'un voisin stable et puissant sur le plan de l'industrie, du commerce, de la construction. De leur côté, les Israéliens éprouvent quotidiennement la nécessité de faire appel à la main-d'œuvre, à la force de travail des Palestiniens. Dans cette optique de coexistence pacifique et de développement commun, je me prononce résolument pour la création d'un État palestinien.

La vision de Shimon Peres était plus étendue encore puisque l'ancien Premier ministre envisageait une sorte de marché commun du Proche-Orient. Son projet n'était pas aberrant, même s'il paraît bien utopique aujourd'hui. Pour lui donner quelque chance de se réaliser, il faudrait oublier les rancœurs, abandonner les méfiances et permettre à l'économie de venir dicter sa loi au politique. La région alors retrouverait la paix et entrerait dans une ère nouvelle, celle de la prospérité.

---

1. La séparation entre Israël et la Cisjordanie.

4

L'OMBRE DE LA CROIX

Début 1981, j'ai mis un frein à mes activités professionnelles. Le baron Alain de Rothschild, président du Consistoire central israélite et du Conseil représentatif des institutions juives de France, m'avait incité à envisager un engagement au niveau national, et ma retraite partielle –je n'avais que cinquante et un ans –me permettait enfin de m'investir totalement dans l'action juive.

Alain de Rothschild, qui s'attachait toujours à s'entourer le plus efficacement possible, m'a mis le pied à l'étrier en me conviant à intégrer la délégation qui, le 6 octobre 1981, était reçue par François Mitterrand, fraîchement élu à la présidence de la République. Nous nous montrions anxieux de savoir si l'arrivée au pouvoir de la gauche allait modifier d'une quelconque manière la gestion du culte. Notre crainte était de voir les socialistes porter atteinte à cette liberté, et spécialement à l'enseignement confessionnel. Des mesures risquaient-elles d'être prises contre les écoles libres ?

Restant mystérieux, le Président nous a déclaré :

– Je ne vous répondrai pas sur l'ensemble des écoles libres, mais les écoles juives n'ont rien à redouter.

Pendant que nous nous trouvions dans son bureau, un huissier a surgi avec un billet qu'il a glissé au Président... Nous avons compris par la suite qu'il venait annoncer au chef de l'État l'assassinat d'Anouar al-Sadate, l'homme de l'ouverture entre l'Égypte et Israël.

Sur le plan des établissements scolaires privés, on s'en souvient, des centaines de milliers de personnes ont manifesté ultérieurement en faveur de l'école libre, faisant reculer le gouvernement qui cherchait à limiter cette forme d'enseignement.

Au mois de mars suivant, je faisais partie de la représentation juive française qui accueillait le président Mitterrand au Mémorial de Yad Vashem à Jérusalem. Je marchais à côté de Roland Dumas dont le père, résistant de la première heure, avait sauvé des Juifs de la déportation, et un arbre à son nom dans l'allée des Justes rappelait le souvenir de cet homme de bien. Nous descendions quelques marches dans le parc, quand je vis soudain Roland Dumas éclater en sanglots... Il venait d'apprendre que, dans la nuit précédente, l'arbre planté en l'honneur de son père avait été déraciné par des Israéliens opposés à la politique française.

Je retrouverai Roland Dumas plus tard, devenu ministre des Affaires étrangères. Je dois avouer que mes rares tentatives d'intervention auprès de lui se sont toujours soldées par des fins de non-recevoir. Il affichait constamment des opinions franchement anti-israéliennes et se refusait à nous écouter, même lorsque nous évoquions des questions sans influence sur la politique internationale. Alors qu'il devait s'entretenir avec le président Hafez al-Assad, je lui ai demandé de faire pression pour obtenir de la Syrie l'extradition de l'ancien capitaine SS Aloïs Brunner réfugié à Damas après avoir été le chef du camp de Drancy. Le ministre français n'a pas jugé bon de me répondre.

Un an à peine après le voyage présidentiel à Jérusalem, à la suite du décès d'Alain de Rothschild et l'élection par les organisations membres du Conseil représentatif des institutions juives de France d'un nouveau président en la personne de Théo Klein, le bureau exécutif m'a élu à la vice-présidence.

Le Crif, expression politique de la communauté, naquit sous l'Occupation par la volonté d'un homme, Léon Meiss, désireux de prolonger dans l'après-guerre les liens qui, sous la pression des événements, s'étaient tissés entre israélites de vieille souche française et immigrés. Des colloques clandestins réunissaient alors à Lyon les dirigeants des principales organisations pour jeter les bases de ce qui s'appela d'abord le Conseil représentatif des israélites de France. Toutes les questions fondamentales du judaïsme de notre pays furent abordées. Au sujet de l'antisémitisme, par exemple, le Conseil entendait obtenir après la Libération « des garanties constitutionnelles contre toute atteinte aux principes d'égalité de race ou de religion, la reconnaissance de l'égalité des Juifs avec leurs concitoyens, la restitution des droits civiques et politiques par l'abrogation de toutes les lois d'exception ».

Le Crif devint en 1972 le Conseil représentatif des institutions juives de France, indiquant par là qu'il était la voix du judaïsme organisé puisqu'il réunissait désormais la presque totalité de ses mouvements, associations et sociétés.

Sous le titre *La Communauté juive dans la cité*, une charte nouvelle s'est évertuée à définir à la fois le judaïsme hexagonal et l'action du Conseil. Elle tentait de définir la position du judaïsme sur les grandes questions le concernant.

Justices et libertés : « Nul citoyen ne doit faire l'objet d'une quelconque discrimination en raison de son appartenance à un groupe spécifique. Nul groupement ou entreprise ne saurait être soumis à un boycott sans bénéficier de la protection résolue des pouvoirs publics. Condamnant avec détermination toutes les formes de racisme et d'oppression, la communauté juive de France proclame le respect des différences socioculturelles et leur liberté d'expression. »

Présence du judaïsme : « Au regard de la nation, le patrimoine spirituel, historique et culturel du judaïsme doit être reconnu ; sa contribution à la culture française et universelle rend légitime l'enseignement, dans le cadre de l'Éducation nationale, de son histoire et notamment celui de l'Holocauste. »

Liens avec Israël : la communauté juive de France attend « de tout gouvernement français qu'il soit fidèle à la vocation profonde de la France en s'attachant à faire prévaloir les principes de la morale internationale sur les intérêts matériels immédiats, et qu'il rompe avec une politique qui, par des prises de position et des votes ambigus sur le Forum international, aboutit à soutenir et à encourager des États et des organisations dont l'objectif réel est la destruction d'Israël en tant qu'État souverain ».

Solidarité contre la violence : « Seules la mise hors la loi du terrorisme et une solidarité effective dans sa répression par toutes les nations civilisées peuvent faire reculer ce fléau qui annihile toutes les conquêtes de la liberté et du droit et risque de mener à l'abîme notre civilisation. »

Solidarité contre les persécutions : « La communauté juive de France affirme la pleine légitimité de ses liens avec toutes les autres communautés juives du monde, indépendamment du régime politique et social dans lequel elles vivent. Guidée par un souci élémentaire d'humanité et au nom même du génie de la France, elle est en droit de réclamer l'intervention du Gouvernement et des responsables politiques français en faveur des communautés juives de pays d'Europe de l'Est et de certains pays arabes et en faveur de toutes celles à qui seraient contestées la liberté religieuse et culturelle, la liberté de conscience et le droit à l'émigration. »

Avec cette charte, le Crif parvint à instaurer son autorité et occupa dès lors une place prépondérante dans l'expression publique juive.

Le travail et les relations entre le président Klein et moi n'étaient pas toujours aisés car nous n'exprimions pas obligatoirement des idées concordantes. À cette époque-là, le Conseil se situait plutôt à gauche, particulièrement pour tout ce qui touchait à la politique israélienne. Il se rangeait donc sous la bannière du Parti travailliste, ce qui ne facilitait guère les choses quand le Premier ministre en poste à Jérusalem s'appelait Menahem Begin ou Yitzhak Shamir. Pour ma part, je m'affichais simplement légitimiste : je soutenais celui que les électeurs israéliens avaient placé démocratiquement au pouvoir, qu'il soit de droite ou de gauche, et je ne me parais d'aucune couleur politique au regard des formations françaises.

Mon activité communautaire m'a valu d'être distingué comme chevalier dans l'ordre de la Légion d'honneur. J'ai demandé au grand rabbin de France, Jacob Kaplan, de me remettre les insignes, manière de demeurer sur un terrain neutre et d'éviter de choisir entre une personnalité politique de gauche ou de droite. De plus, le grand rabbin Kaplan représentait à mes yeux une figure presque mythique, une personnalité exceptionnelle qui m'a impressionné et inspiré par le courage qu'elle témoigna à l'égard du régime de Pétain sous l'Occupation, par son intransigeance face aux déclarations intempestives du général de Gaulle en 1967, et aussi par son aura spirituelle incontestée. Plus tard, Jacques Chirac, alors Premier ministre, puis François Mitterrand, puis Jacques Chirac encore, cette fois président de la République, accrocheront d'autres décorations à mon revers, jusqu'à me faire grand officier de la Légion d'honneur, mais cette première distinction restera toujours pour moi la plus émouvante. Son souvenir s'associe à celui d'un homme que je considérais comme un guide religieux irremplaçable, un idéal à atteindre dans la difficile fonction de premier grand rabbin du pays.

En 1989, après avoir très largement remporté les élections, je pris la tête du Crif. Trois ans plus tard, au renouvellement de mon mandat, je me trouvais seul candidat.

Cette présidence allait faire de moi, quasi automatiquement, le président du Congrès juif européen, réunion des communautés du continent, essentiellement alors la France et la Grande-Bretagne, qui se partageaient en alternance cette responsabilité. Aujourd'hui, d'autres pays désirent à leur tour jouer un rôle, et la prépondérance franco-britannique a tendance à s'amenuiser, mais le Congrès juif européen constitue toujours une émanation – plus ou moins indépendante – du Congrès juif mondial fondé à New York en 1936 pour représenter, défendre et soutenir les communautés juives à travers la planète. Le bureau américain conserve donc la supervision de l'ensemble et se croit souvent autorisé à peser de son autorité pour infléchir notre politique ou notre action. Suprématie que je n'appréciais guère : cette ingérence répétée ne correspondait ni à ma manière de travailler ni à ma façon d'envisager ma fonction. Mais il est vrai que les subsides permettant de faire vivre le Congrès juif européen proviennent des États-Unis : le secrétaire général en poste à Paris n'est-il pas un fonctionnaire du Congrès juif mondial ?

Les statuts du Crif n'autorisant que deux mandats présidentiels successifs, j'ai disposé de six ans pour faire entendre la voix d'un judaïsme résolu à se battre sans concession pour Israël, déterminé à lutter contre tous les racismes et soucieux d'introduire la notion des Droits de l'homme dans la politique internationale.

Lorsque je proposais un colloque ou une intervention, on me demandait parfois si j'agissais en tant que président du Crif ou du Congrès juif européen... Je n'avais qu'une réponse, toujours la même :

– J'agis en tant que Juif.

Lorsqu'en mai 1990, on apprit la terrible profanation d'une tombe du cimetière juif de Carpentras, nous avons tous été abasourdis. L'antisémitisme avait-il atteint de telles proportions que l'on ait pu se permettre d'exhumer le cadavre d'un vieillard récemment enterré pour lui faire subir d'abominables profanations ? En fait, l'événement produisit dans notre pays une réaction de grande ampleur. Au nom du Crif et de toutes les institutions juives, je lançai un appel à une grande manifestation à Paris contre le racisme.

Le résultat dépassa toutes les prévisions. Le cortège réunit plus de cinq cent mille personnes entre la République et la Bastille. Je me souviens d'avoir pris dans mes bras le cardinal Decourtray, un prélat exceptionnel par son grand cœur, son intelligence et sa générosité, mais qui, affaibli par la maladie, aurait été facilement emporté par la foule. Arrivé à la Bastille, je rencontrai le président François Mitterrand venu, sans prévenir, s'associer à la protestation unanime. Ce fut dans sa voiture que j'achevai le parcours. Cette journée fut du délire. Incontestablement, les Français ne voulaient pas être assimilés aux barbares de Carpentras.

Cependant, le devoir de mémoire demeurait une de mes préoccupations majeures. Le 14 octobre 1990, je représentais la communauté juive de France au Chambon-sur-Lignon, cette bourgade protestante des Cévennes dont les habitants sauvèrent nombre d'enfants juifs des griffes nazies. Pour la première fois, l'institut Yad Vashem remettait la médaille des Justes à un village entier. Nulle part ailleurs en France, à ma connaissance, tout un village – fermiers, bergers, gendarmes, professeurs, éclaireurs unionistes – ne s'était si vite et si totalement mobilisé pour accueillir, nourrir, cacher, procurer de faux papiers, organiser des passages en Suisse, rivalisant d'efforts et de ruses en faveur de ceux qui, traqués, arrivaient au Chambon en proie à la peur.

Devant le préfet de la région, le maire, le pasteur et le représentant de l'ambassade d'Israël, j'ai rappelé qu'il existe à Jérusalem un bâtiment édifié en mémoire des enfants victimes de la Shoah. Des myriades d'étoiles au ciel de ce tabernacle s'allument et scintillent tandis qu'une lente énumération de noms, de ces noms aux consonances étrangères, mêlés à ceux qui nous sont familiers, résonne dans le silence total, poignant. Nul ne sort indemne de ce lieu. Mais quand, petit à petit, la douleur que nous portons au cœur, comme une plaie inguérissable, reflue, le visiteur venu de France rassemble ses souvenirs, ceux qu'il a vécus, ceux dont il a hérités. Et sa pensée s'envole vers un village camisard, une petite commune des Cévennes, grâce à laquelle quelques milliers de noms supplémentaires ne se sont pas ajoutés à la terrible liste qu'il vient d'entendre.

Les discours se sont succédé, évoquant avec émotion ces enfants sauvés d'une mort certaine et le courage des habitants. Le dernier à prendre la parole fut le pasteur :

– Ce serait très beau de recevoir ce diplôme, dit-il, s'il n'y avait actuellement dans le pays qui nous accorde cet honneur des Palestiniens massacrés au quotidien...

Placé à côté de moi, Yitzhak Aviran, ministre plénipotentiaire près l'ambassade d'Israël, a bondi et fait mine de se lever pour quitter la salle. Je lui ai soufflé :

– Non, tu ne pars pas ! Sinon, tu provoques un scandale sans précédent.

J'ai dû le retenir physiquement sur sa chaise pour éviter de transformer la cérémonie en bataille politique. Mais quelle tristesse de voir la Shoah prise en otage pour satisfaire la hargne antisioniste d'un seul individu.

Le premier grand dossier dont j'eus à m'occuper lors de mon accession à la présidence du Crif concernait encore ce thème récurrent de la mémoire : il s'agissait de l'affaire du carmel d'Auschwitz. La crise était alors à son paroxysme, et les relations judéo-catholiques se trouvaient largement entachées par ce contentieux. Théo Klein se battait sur ce terrain depuis des années et tentait encore avec acharnement de dénouer cette épineuse question.

Tout avait éclaté en 1985, lors d'un voyage à Auschwitz organisé par la communauté juive de Belgique. À cette occasion, les visiteurs avaient découvert, sidérés, qu'en bordure du camp de la mort, mais à l'intérieur de son périmètre, s'était installé un couvent de carmélites... Avec l'autorisation du gouvernement polonais et le soutien du cardinal Macharski, archevêque de Cracovie, diocèse dont dépend Oswiecim [1], les religieuses avaient pris possession d'un bâtiment qui devait être un théâtre avant la guerre, mais qui ne fut utilisé que pour entreposer les réserves de gaz Zyklon B et entasser cheveux et dents en or arrachés aux cadavres.

Comme l'ensemble du judaïsme, le Crif et son président de l'époque n'avaient pas admis cette appropria-

1. Nom polonais d'Auschwitz.

tion chrétienne d'Auschwitz. D'ailleurs, des déclarations intempestives d'organisations catholiques ne laissaient planer aucun doute sur le sens symbolique de ce couvent : « forteresse spirituelle, gage de la conversion des frères égarés de nos pays », selon un manifeste de l'association caritative « Aide à l'Église en détresse ».

Au sein de la hiérarchie catholique, il se trouvait heureusement des hommes de bonne volonté prêts à écouter les protestations indignées des responsables juifs. En particulier, trois prélats se montraient attentifs à nos revendications : le cardinal Godfried Danneels, archevêque de Malines-Bruxelles, le cardinal Jean-Marie Lustiger, archevêque de Paris, et le cardinal Albert Decourtray, archevêque de Lyon. Ce dernier avait déclaré dès le début de l'affaire : « Pour moi, la barbarie nazie qui s'est abattue sur Auschwitz s'est abattue sur le peuple juif tout d'abord, même s'il y a eu d'autres personnes que des Juifs à Auschwitz. Pour l'opinion mondiale et pour moi, c'est la tentative d'extermination totale des Juifs, qu'on appelle la Shoah, dont Auschwitz est le symbole. Une pareille épreuve a conféré au peuple juif à travers ses martyrs une dignité particulière, qui est son bien propre. Et construire un carmel dans le camp d'Auschwitz, ce serait, selon moi, toucher à cette dignité même. »

Le cardinal Decourtray, pour qui j'avais une profonde vénération, m'a confié un jour :

– Je comprends la sensibilité juive à propos de l'affaire du carmel, car j'ai la même sensibilité que vous.

Non seulement il nous a soutenus en cette occasion, mais il a aussi accepté d'ouvrir les archives de son archevêché au moment du procès intenté contre Paul Touvier, ce milicien des années noires longtemps protégé par l'Église. Le cardinal Decourtray fut un grand homme, un inlassable combattant de la vérité et de la justice, n'hésitant jamais, quand il le fallait, à s'opposer même au Vatican.

Sous sa coprésidence et celle de Théo Klein, une première rencontre, organisée à Genève en juillet 1986, avait permis de jeter les bases d'un accord prévoyant l'arrêt des travaux du carmel. Dans les mois qui suivirent, rien n'avait changé sur place, et les religieuses semblaient s'installer définitivement dans leur couvent. Une seconde rencontre genevoise, en février 1987, précisait le calendrier : elle donnait un délai de deux ans pour le déménagement du carmel dans un « Centre d'information, d'éducation, de rencontre et de prière » qui serait construit à l'extérieur du camp. Un an plus tard, dans le jardin du couvent, une croix de huit mètres de haut était érigée, celle-là même que le pape avait bénie lors de sa messe célébrée à Auschwitz neuf ans plus tôt. Quelques mois encore et treize mille cinq cents habitants d'Oswiecim signaient une pétition pour le maintien sur place du couvent... Jean-Paul II s'était contenté d'approuver l'érection du Centre, « initiative entreprise dans l'esprit de Vatican II pour le dialogue judéo-chrétien », sans faire la moindre allusion au problème du carmel. Devant l'immobilisme des religieuses, le silence du pape devenait lourd de sens.

Président du Crif, je laissais mon prédécesseur poursuivre le dialogue entamé. Pour ma part, je n'étais pas convaincu de l'utilité de tant de débats et de tant de diplomatie. Je ne pensais pas qu'une solution à l'amiable puisse être trouvée. Auschwitz fut le lieu de la souffrance juive, Auschwitz est un cimetière juif. Puisqu'il faut tout comptabiliser, précisons que – selon les chiffres admis par les historiens – sur un million six cent mille victimes assassinées à Auschwitz, un millions trois cent mille étaient juives. Un couvent et une croix en ce lieu me paraissaient une insupportable offense à la mémoire de nos morts. D'autant plus que, dans une confusion inacceptable, les sœurs prétendaient prier à la fois pour les victimes et pour les bourreaux.

En s'installant sur place dans la durée, qui sait si, d'ici un siècle ou deux, l'Église ne serait pas parvenue à effacer tout souvenir juif à Auschwitz ? Pour moi, il n'y avait ni à atermoyer ni à négocier : le carmel devait renoncer à son projet, les religieuses devaient partir. C'est tout.

Un voyage du pape en Pologne au mois de juin 1991 crispait encore les esprits. À Radom, mêlant son combat contre l'avortement et le souvenir de la Shoah, Jean-Paul II s'écriait :

– À ce cimetière rempli de victimes de la cruauté humaine en notre siècle vient encore s'ajouter un cimetière étendu, le cimetière de ceux qui ne sont pas nés...

Comment ne pas hurler devant cet amalgame scandaleux ? J'en ai saisi la presse, j'ai expliqué que le rapprochement entre un génocide scientifiquement organisé, qui vit l'extermination de millions d'êtres humains uniquement parce qu'ils étaient juifs ou tziganes, avec l'avortement – phénomène de société que l'on peut soutenir ou contester – était pernicieux, incompréhensible et insoutenable. La transmission de la Shoah revêt un caractère sacré que même le pape ne peut transgresser.

Il y avait de quoi être alarmé car d'autres initiatives tendaient à christianiser le camp de la mort. Des pèlerinages prévus durant l'été 1991, notamment de France, envisageaient d'établir un chemin de croix entre Auschwitz et Czestochowa, volonté proclamée d'établir un lien entre le haut lieu de notre martyre et le cœur de la chrétienté en terre polonaise. Pour ces adeptes d'un tourisme spirituel, la christianisation du site d'Auschwitz était à l'évidence un fait accompli, et elle prenait place dans la politique de réévangélisation du continent européen à laquelle Jean-Paul II avait convié les fidèles de l'Église.

J'ai adressé une lettre à Mgr Lustiger pour lui faire part de mon indignation : « Nous sommes profondément choqués et inquiets de ces projets qui, s'ils se réalisaient, s'inscriraient en totale contradiction avec une volonté de dialogue qui semblait triompher, après tant de douloureuses difficultés. Et il apparaîtrait aux communautés juives dans le monde que de telles initiatives concrétiseraient le désir de certains de christianiser la Shoah. Nous n'avons jamais dénié à quiconque le droit de se recueillir et de méditer à Auschwitz. Mais des manifestations de ce type, motivées très explicitement par la lutte contre l'avortement – amalgame sacrilège et inadmissible – par la conversion des vivants devenant aussi celle des morts, seraient considérées comme de véritables provocations. » Ma voix a été entendue : à la suite de mon intervention, la plupart des pèlerinages ont été annulés.

Peu après, au cours d'une de ses pérégrinations en Europe centrale, Jean-Paul II a présenté la culture chrétienne comme unique fondement de la culture européenne... Ces propos m'ont fait bondir : la culture juive n'est-elle pas, elle aussi, l'une des constituantes de l'Europe ? J'ai aussitôt rédigé, avec Gerhart Riegner et Tullia Zevi, coprésidents de la Commission pour les relations interreligieuses du Congrès juif européen, un mémorandum dans lequel nous nous élevions contre la vision univoque donnée par le pape et demandions que soit reconnu l'apport de la culture juive dans l'identité européenne.

Au même moment devait se tenir à Rome un synode des évêques d'Europe ; cette conjoncture favorable nous offrait l'occasion de remettre notre texte au cardinal Carlo Maria Martini, alors archevêque de Milan et président du Conseil des conférences épiscopales européennes, un homme remarquable dont on dit qu'il pourrait bien un jour succéder à Jean-Paul II, si l'âge le lui permet. Un document préparatoire rédigé en prévision de ce synode suggérait de procéder à une enquête générale concernant les événements historiques qui ont marqué la vie des peuples européens, spécialement dans les vastes zones du centre et de l'est du continent. Nous rappelions combien il nous paraissait essentiel « de ne pas ignorer ni sous-estimer l'importante contribution juive à la civilisation européenne » et à quel point il nous semblait indispensable « de veiller à ce que la mémoire du sort des Juifs d'Europe au cours des siècles soit maintenue vivante afin de mieux lutter contre toute forme d'intolérance ». Enfin, nous soulignions explicitement notre souhait de voir l'enquête envisagée « reconnaître aussi le fait qu'il existe en Europe une grande variété de traditions religieuses, culturelles et séculaires qui ont fait la richesse et la spécificité de la culture européenne. Cet ensemble de traditions inclut aussi notamment celle des minorités nationales, culturelles et religieuses ».

Quelques semaines plus tard, Mgr Martini nous a demandé de venir le voir et nous a présenté un document déjà entériné par le synode. Cette déclaration finale, publiée le 15 décembre 1991, démontrait que nous avions été pleinement entendus : « La culture européenne a puisé sa croissance à de multiples sources. L'esprit de la Grèce, la romanité, acquise par les Latins, les Celtes, les Germains, les Slaves, les Finno-Ougriens, la culture hébraïque et l'influence de l'islam ont joué leur rôle dans l'élaboration de cet ensemble complexe. » Plus loin, le texte évoquait directement les liens particuliers du judaïsme et du christianisme : « Dans le nouvel ordre à construire en Europe et dans le monde, le dialogue entre les religions est de la plus haute importance et, avant tout, le dialogue avec nos " frères aînés ", les Juifs, dont la foi et la culture sont une part constitutive du progrès de la civilisation européenne. » La culture juive était enfin reconnue comme partie intégrante de la culture européenne.

Au mois de mai 1992, une réunion du Comité international de liaison judéo-catholique tenue à Baltimore, aux États-Unis, recensait les graves points de divergence qui nous divisaient. Afin d'établir un dialogue sincère et fraternel, nous demandions :

– L'éradication de l'antisémitisme encore vivant à l'intérieur de certaines Églises.

– La reconnaissance de l'État d'Israël par le Saint-Siège.

– Une déclaration sur la spécificité juive de la Shoah.
– Le départ d'Auschwitz du couvent des carmélites.
J'ai détaillé à cette occasion les résurgences de l'antisémitisme à fondement catholique, j'ai indiqué que cette forme de racisme trouvait des relais par le biais des catéchismes traditionnels encore utilisés ou à travers des mentalités antéconciliaires et conquérantes dans le cadre de nouvelles croisades de christianisation de l'Europe. Sans oublier les communautés intégristes qui refusaient ouvertement l'enseignement de Vatican II et trouvaient cependant des passerelles avec le Saint-Siège.

Un sentiment terrible de régression dans le dialogue m'affligeait. En trente ans, les rapports entre Juifs et catholiques s'étaient étiolés, un peu comme si Vatican II n'avait jamais existé. En 1962, le concile avait pourtant mis fin à ce que l'historien Jules Isaac appelait « l'enseignement du mépris », et le grand pape Jean XXIII s'était évertué à placer l'antisémitisme hors la loi chrétienne. En dépit de ces avancées porteuses d'espoir, l'Église éprouvait encore bien des difficultés à se débarrasser d'un cortège d'images véhiculées durant presque deux millénaires et semblait s'engluer dans ses propres contradictions. Comment accepter un Christ juif si ce n'est en se déclarant soi-même *Verus Israel*, le véritable Israël, et en maudissant les « perfides » coupables d'avoir refusé la vraie foi ? Comment se positionner face à la Shoah sans faire appel sans cesse à la souffrance du Christ ? Comment reconnaître l'État d'Israël alors que l'errance juive devait témoigner éternellement du sang du Christ versé par un peuple déicide ? Car les Juifs, tous les Juifs de toutes les générations, ont été accusés d'avoir crucifié le Christ, et ce mensonge a été répété siècle après siècle, lavant de la faute les réels coupables, les Romains dont l'autorité s'étendait sur la Palestine. Au-delà de ces causes historiques, je voyais également, parmi les obstacles dressés entre les catholiques et nous, un sentiment plus ou moins conscient de culpabilité chrétienne face à la Shoah, crime dont l'antisémitisme religieux aurait bien pu préparer les esprits.

Tout cela explique, sans le justifier, le temps qu'il a fallu pour normaliser les relations entre les deux fois monothéistes. Il me revient en mémoire une anecdote qui fait mesurer à quel degré les perceptions juive et chrétienne pouvaient être divergentes. J'ai participé un jour à un dîner en compagnie de notables religieux catholiques. Il y avait là le cardinal Lustiger, le père Dupuy, le père Dujardin et enfin le père Dubois, un ecclésiastique de Jérusalem naturalisé israélien. Ce dernier, extrêmement sensible au judaïsme, m'expliqua au cours du repas que, selon lui, la meilleure façon pour un Juif d'être en bons termes avec les catholiques consistait à s'efforcer de devenir meilleur Juif encore, plus religieux, plus proche de ses traditions... Cette merveilleuse formule me semblait de bon augure pour entamer un échange fécond entre nous ; elle m'encouragea en tout cas à demander à mon interlocuteur de me livrer sa définition de la Shoah.

– La Shoah, me dit-il, est un brasier qui brûle pendant des heures, puis doucement commence à s'éteindre. À la fin, il ne reste dans l'âtre que des cendres incandescentes ; et au fond de cet âtre, je continue à ne voir qu'une seule chose : le corps du Christ.

Voilà ce que pensait le prêtre le plus proche de la réalité juive, le plus bienveillant à notre égard, le plus ouvert à nos revendications ! Je fus consterné et compris quel chemin restait encore à parcourir.

Le père Bernard Dupuy, secrétaire de la Commission épiscopale française pour les relations avec le judaïsme, estimait, lui, que les nazis cherchaient, en réalité, à détruire le christianisme et, pour mieux le déraciner, s'étaient attaqués à l'arbre sur lequel avait poussé ce rameau... Vision inacceptable pour moi. D'une part, elle entérinait l'idée intolérable d'un catholicisme venant se substituer au judaïsme ; de l'autre, elle transformait les Juifs en victimes par procuration et opérait un prodigieux retournement de sens en disculpant la Chrétienté de sa culpabilité pour en faire la seule véritable martyre d'un monde lourd de péchés.

Malgré ces incompréhensions, je demeurais persuadé que, loin des déclarations tonitruantes et des rencontres officielles, le meilleur moyen de dénouer la crise du carmel d'Auschwitz résidait dans le contact personnel, amical, discret. Or, le déplacement du couvent en dehors des limites du camp nécessitait deux choses : un financement et une détermination de la hiérarchie ecclésiastique. Sur le second point, je me trouvais totalement impuissant : le pape ne prenait toujours pas position et, à Oswiecim, la mère supérieure se montrait farouchement opposée au transfert de son couvent. Sur le plan des finances, en revanche, je pouvais tenter d'intervenir.

En visite à Cracovie, possibilité me fut offerte de rencontrer quelques dignitaires religieux, dont le père Stanislaw Musial, secrétaire de la Commission épiscopale polonaise pour le dialogue avec le judaïsme et responsable du Centre en construction à la limite du camp, selon les accords signés à Genève. Dans ce complexe devaient s'installer les carmélites, mais pour l'heure tout paraissait figé, les travaux étaient stoppés. Le père Musial me confia ses tracas :

– Nous sommes bloqués par une contrainte financière. Nous avons été aidés par l'Église de France, par d'autres Églises encore, mais nous sommes endettés d'une façon alarmante, et nous avons en Pologne actuellement des taux d'intérêt de 50 pour cent par an, nous ne pouvons nous permettre d'aller plus loin. L'Église américaine nous avait promis un prêt important, mais il n'est jamais venu. Il nous manque trois cent cinquante mille dollars.

De retour en France, j'ai téléphoné au père Jean Dujardin, alors secrétaire de la Commission épiscopale française pour les relations avec le judaïsme, et l'ai prié de venir me voir. Une demi-heure plus tard, il entrait dans mon bureau du Crif. Je lui ai parlé de ma visite à Cracovie et des soucis du père Musial. Avait-il lui-même tenté de trouver la somme manquante dans une banque parisienne ? Il me rétorqua qu'il ne savait pas à qui s'adresser...

– Voyez-vous un inconvénient à ce que je cherche un établissement français disposé à prêter de l'argent à l'Église de France pour qu'elle puisse envoyer ces trois cent cinquante mille dollars en Pologne ? lui ai-je demandé.

Il soupira, soulagé sans doute :

– Vous nous rendriez un grand service !

J'ai téléphoné à un certain nombre de banques privées avec lesquelles j'avais travaillé quand j'étais encore professionnellement en activité, et l'une d'elles écouta avec attention ma proposition. J'ai cru bon d'insister :

– Je vous conseille de donner suite car vous allez obtenir la caution de deux cardinaux français, la porte ouverte pour travailler ensuite avec l'Église de France...

Au bout de quelques jours, après consultation de leur conseil d'administration, les banquiers m'ont annoncé que non seulement ils prêtaient trois cent mille dollars, mais en offraient cinquante mille autres comme aide à l'Église.

Ce coup de pouce a dégrippé la situation. Il a permis de poursuivre la construction du Centre en dehors du camp et, peu après, le Vatican, sinon le pape, faisait pression sur l'épiscopat polonais pour mettre un terme à la controverse et déménager définitivement le couvent. Entretemps, la mère supérieure hostile à toute concession avait été remplacée par une religieuse plus accommodante et, en juillet 1993, les carmélites quittaient enfin le périmètre d'Auschwitz pour s'installer un peu plus loin.

Pour tous, le dossier était clos. Pas pour moi. Au moment même où les religieuses pliaient bagage, un militant de l'extrême droite polonaise, représentant d'une association d'anciens persécutés du régime communiste, louait l'emplacement abandonné pour y installer son organisation, persuadé qu'une structure à but officiellement humanitaire ne pourrait jamais être délogée. Comme un défi, la grande croix est restée plantée devant le bâtiment, et des fidèles de la ville d'Oswiecim continuent à venir chaque dimanche s'agenouiller et prier devant elle.

Le gouvernement polonais a intenté un procès au locataire du lieu afin de l'obliger à retirer la croix. Pour ma part, j'ai essayé à plusieurs reprises d'alerter les autorités, j'ai rencontré le président du Parlement polonais, un homme compréhensif, mais l'action judiciaire piétinait : chaque élection était l'occasion de repousser la décision par crainte de mécontenter la population locale ouvertement favorable au maintien sur place de la fameuse croix. Ne disait-on pas que si la justice se prononçait pour l'éradication des signes religieux sur le site, les populations alentour viendraient en masse empêcher les ouvriers d'accomplir leur travail ?

Mais faut-il s'en étonner ? L'ancien Premier ministre israélien Yitzhak Shamir, lui-même né en Pologne, a déclaré un jour que les enfants de ce pays tètent le lait de l'antisémitisme dès leur naissance...

On m'a raconté qu'une partie de la famille de Shamir était restée sur place durant la guerre, et, bien plus tard, l'homme politique a mené une enquête pour savoir comment les siens avaient trouvé la mort. Il a appris ainsi que son père avait été accueilli par un ami qui lui avait promis hébergement et sécurité. Le Polonais a bien vite regretté son geste, il a eu tellement peur de se faire arrêter et d'être déporté pour avoir protégé un Juif que, une nuit, il a égorgé son hôte durant son sommeil et enfoui le corps dans le jardin.

Je ne sais pas si les petits Polonais tètent l'antisémitisme dès le berceau, mais je sais en revanche qu'une partie de la population reste inquiète d'une imaginaire influence juive. Des sondages, m'ont confié des journalistes, démontraient que selon une majorité de Polonais il y avait trop de Juifs dans leur pays. Combien ? Trois millions, répondaient couramment les personnes interrogées. C'était effectivement le cas avant la guerre, mais à présent il en reste tout au plus dix mille. La méconnaissance et l'ignorance sont absolues, et sur ce terreau se développe le vieil antisémitisme.

Le président Lech Walesa connaissait son pays et ne facilitait guère le règlement du problème de la croix d'Auschwitz, estimant sans doute de meilleure politique intérieure de ne pas donner satisfaction aux Juifs. Je l'ai rencontré à plusieurs reprises, j'ai même déjeuné avec lui rue des Rosiers, à Paris, et durant tout le repas il a tenté de me persuader qu'il n'était en rien antisémite. J'ignore ses sentiments profonds, je le vois surtout comme un personnage médiocre arrivé à la plus haute fonction de son pays par les hasards de l'Histoire et grâce à son rôle joué dans le syndicat Solidarnosc. Les anecdotes sur ses gaffes et ses provocations sont innombrables. Certains se souviennent d'une conférence de presse commune Mitterrand-Walesa, tenue à Paris, à l'issue de laquelle le président français demanda aux journalistes un peu d'indulgence :

– Messieurs, je crois que le président Walesa est fatigué après la journée qu'il a passée, il a peut-être envie d'aller se reposer...

Walesa mit la main sur le genou de Mitterrand, se pencha et lui souffla :

– N'oubliez pas que j'ai une jeune femme à satisfaire !

Sur le plan politique, il ne se montrait pas plus subtil et faisait flèche de tout bois. Au cours d'une campagne électorale, déterminé à discréditer son adversaire Tadeusz Mazowiecki, pourtant bon catholique, il a laissé son entourage proclamer ce qu'il considérait comme une injure suprême : « Cet homme est un Juif ! »

Je n'ignore pas non plus que le père Henryk Jankowski, conseiller et aumônier du président polonais, était un virulent antisémite, allant jusqu'à déclarer publiquement « qu'il ne fallait pas accepter la minorité juive au gouvernement ». Encore une fois, Lech Walesa laissait dire. En 1995, dans une église de Gdansk, le prêtre a prononcé, devant son président assis au premier rang, un sermon si choquant que Bill Clinton lui-même s'en est ému et a exprimé son indignation. Pour toute réponse, Walesa a soutenu qu'il n'avait rien entendu.

Dans une atmosphère aussi détestable, il apparaissait évident que rien de positif ne se ferait facilement en Pologne dans cette affaire de croix dressée à Auschwitz. Bien sûr, seul le pape pouvait faire évoluer les mentalités et bousculer les esprits rétrogrades. J'ai rencontré Jean-Paul II à trois reprises, deux fois au Vatican et à Strasbourg, audiences officielles et figées accordées notamment dans le programme d'un voyage pontifical en France, puis à l'occasion d'un colloque interconfessionnel tenu à Rome. Si je me suis montré longtemps extrêmement réservé sur la personnalité du souverain pontife, doutant de sa volonté réelle de tout entreprendre pour liquider les différends surgis entre nous, les faits devaient me donner tort. À ma grande satisfaction, j'ai dû admettre finalement que le chef spirituel de l'Église catholique romaine pouvait exprimer une pensée puissante et courageuse, œuvrant dans le prolongement de l'action de Jean XXIII.

En effet, le 30 décembre 1993, le Vatican reconnaissait l'État d'Israël et, six mois plus tard, l'échange de relations diplomatiques concrétisait les traités. Même si les autorités ecclésiastiques n'acceptaient de ne donner aux accords vaticano-israéliens qu'une dimension politique et non théologique, un événement d'ampleur historique venait bien de se dérouler. Après le départ des carmélites du site d'Auschwitz, un autre point de divergence mis en évidence à Baltimore tombait, une importante étape était franchie dans le dialogue entre l'Église catholique et les Juifs.

Restait encore à obtenir du Saint-Siège une déclaration sur la spécificité juive de la Shoah, condition indispensable pour voir s'épanouir la fraternité dans les débats et les rencontres entre Juifs et catholiques.

Cependant, même si la situation évoluait dans le bon sens, des actions individuelles ne laissaient pas de m'inquiéter comme autant de signaux venus nous indiquer que l'Histoire bégayait. En 1995, une *Bible des communautés chrétiennes*, traduite en français, en espagnol et en anglais, dûment munie de l'imprimatur, venait réveiller de vieux démons. Deux prêtres belges, auteurs de cette version, avaient annoté le texte de considérations au caractère antisémite évident. À les lire, les Juifs étaient coupables d'avoir « relégué ou totalement oublié les écrits prophétiques », pour les Juifs « aucun procédé ne sera mauvais si cela sert les intérêts de leur groupe », le peuple juif restait « celui qui avait tué Dieu, puisque ce peuple n'avait pu dominer son fanatisme », et la circoncision « ouvrait au païen toutes les portes de la société juive avec ses bonnes affaires »... Cette Bible aux accents répugnants bénéficia d'une très large diffusion, notamment en Amérique latine. Devant ce scandale, j'ai interpellé les instances romaines responsables du dialogue entre l'Église et le judaïsme tandis que, de son côté, la Ligue contre le racisme et l'antisémitisme assignait en référé la société éditrice, obtenant du tribunal de grande instance de Paris la suppression de certains passages considérés comme « de nature à raviver l'antijudaïsme ». Heureusement, ces Écritures revisitées disparurent à jamais, avec ou sans les coupures imposées, car la Commission doctrinale de la conférence des évêques de France, consultée sur ce sujet, refusa l'imprimatur à toute nouvelle édition.

Peu après, Mgr Jean-Charles Thomas, évêque de Versailles, qui avait imprudemment approuvé et recommandé cette *Bible des communautés chrétiennes*, se présenta à mon bureau du Crif et, par mon intermédiaire, demanda pardon à la communauté juive.

Le pape lui-même lançait parfois quelques initiatives inquiétantes dont on pouvait craindre qu'elles ne viennent compromettre nos relations. En 1991 déjà, en prévision du cinq centième anniversaire de la découverte de l'Amérique par Christophe Colomb, mais aussi date anniversaire de l'expulsion des Juifs d'Espagne, s'était ouvert le procès en béatification d'Isabelle la Catholique, cette reine de Castille qui fit de l'intolérance une manière de gouverner, exemple tragique d'un régime monoculturel rejetant les différences. La béatification d'Isabelle la Catholique ne pouvait que heurter la sensibilité juive et mettre en péril la poursuite d'un dialogue nécessaire pour une meilleure compréhension entre Juifs et catholiques. En effet, si la reine Isabelle fut, certes, une grande figure de l'histoire politique de l'Espagne, figure nationaliste dans un esprit de conquête et de christianisation, il nous apparaissait pour le moins surprenant qu'elle puisse être béatifiée. Comment ne pas rappeler l'Inquisition – qu'elle favorisa – où périrent sur le bûcher les « hérétiques » coupables de refuser d'abjurer leur foi, nos coreligionnaires comme nos frères musulmans, sans parler de toutes les victimes massacrées en son nom par les conquérants espagnols ? Le prix payé à la grandeur de l'Espagne d'Isabelle la Catholique fut trop teinté de sang.

Mes protestations indignées m'avaient permis d'obtenir le soutien de deux cardinaux français, Lustiger et Decourtray, ils étaient intervenus à Rome et le procès avait été interrompu *sine die*. J'espère que le projet est aujourd'hui définitivement abandonné et pas seulement reporté, comme certains bruits le laissent redouter.

Comment ne pas s'étonner aussi des non-dits qui ont entouré la canonisation d'Édith Stein, juive convertie au catholicisme, entrée dans les ordres sous le nom de sœur Thérèse-Bénédicte et assassinée à Auschwitz comme authentique « fille d'Israël » ? Le pape ne cita pas la protestation que la religieuse adressa au Vatican contre le silence qui couvrait les persécutions : « Si la responsabilité retombe en premier lieu sur ceux qui poussent [ces malheureux] au désespoir, elle retombe aussi sur ceux qui se taisent. » Sa plainte fut suivie d'un autre silence, tout aussi lourd. Voilà pourquoi je souhaite que les velléités de béatifier ou de canoniser Pie XII ne trouveront jamais un début de réalisation. Certes, il apparaît difficile de demander à un pape de reconnaître les erreurs d'un autre pape, mais on peut au moins appeler l'Église à ne pas rendre hommage à celui qui n'a pas fait un geste, n'a pas eu une parole pour arrêter les trains qui roulaient vers les camps de la mort.

Le risque est bien réel car, en 1998, Jean-Paul II n'a pas hésité à béatifier Mgr Aloïs Stepinac. Cet archevêque de Zagreb durant la Seconde Guerre mondiale, enfermé plus tard dans les prisons du maréchal Tito, puis placé en résidence surveillée jusqu'à son décès en 1960, fut un allié du régime pronazi dirigé par Ante Pavelic et n'hésita jamais à parader en compagnie des fascistes allemands et italiens. Durant trop longtemps il garda le silence sur les horreurs commises sous ses yeux par les bandes d'oustachis tueurs de Serbes, d'orthodoxes, de communistes, de Juifs, surtout de Juifs. Voilà le prélat que l'Église a reconnu comme Bienheureux, mort en martyr.

Dans une vaine protestation, j'ai tenté de faire entendre notre colère : « La béatification de Mgr Stepinac apparaît à la communauté juive comme une provocation alors que certains hauts dignitaires ou prêtres catholiques qui avaient sauvé des Juifs, comme par exemple l'abbé Rosey de Thonon-les-Bains, en faisant fuir en Suisse des centaines d'enfants juifs, ne se sont jamais vu décerner pareil honneur par le Vatican. Comment le peuple juif ne serait-il pas offensé par la béatification d'un cardinal qui, pour le moins, et jusqu'au moment où se profila la défaite allemande, servit de caution spirituelle à Ante Pavelic... Quels risques le Vatican a-t-il pris de mettre en péril les relations d'espérance existant aujourd'hui entre l'Église et le peuple juif ? »

Pour toute réponse, Jean-Paul II, au cours de son voyage en Croatie, prononça une messe de béatification au sanctuaire de Marija Bistrica, évoqua les victimes du communisme mais ne fit pas la plus petite mention des massacres dont le Bienheureux Stepinac avait été le complice.

Cette même année 1998, quelques fidèles catholiques prenaient l'initiative d'ajouter dans le périmètre d'Auschwitz une cinquantaine de crucifix en bois, tandis que le cardinal Jozef Glemp, primat de Pologne, déclarait que la grande croix devait rester à sa place et précisait :

– Cette terre est polonaise, et toute imposition d'une autre volonté y est reçue comme ingérence dans sa souveraineté.

Ce qui m'obligea, une fois de plus, à répliquer publiquement : « Il est tout à fait impossible que nous tolérions qu'une croix surplombe ce que nous considérons comme le plus grand cimetière juif. Nous ne voulons aucun symbole. Auschwitz doit rester le lieu de la tragédie humaine de l'Europe. À cette époque, régnait le silence des Nations, même des Alliés. Aujourd'hui, doit régner aussi le silence. »

Il me fallut également souligner que la ligne conservatrice d'une partie de l'Église polonaise a toujours, par tous les moyens, au cours des dernières décennies, voulu d'une manière ou d'une autre christianiser la Shoah. Car deux courants parcourent le catholicisme polonais : l'un, moderne, reconnaît Vatican II, alors que l'autre demeure arc-bouté sur de vieux principes antéconciliaires avec le cardinal Glemp pour chef de file, antisémite notoire qui n'a pas hésité à soutenir, par exemple, que les médias étaient « aux mains des Juifs dans de nombreux pays ».

En dépit de ces déceptions, mes inquiétudes de voir interrompu le dialogue judéo-catholique se révélaient sans fondement : les rapports entre nous évoluaient d'une manière constructive. La plupart des points de divergence établis à Baltimore étaient à présent réglés : les carmélites avaient quitté le périmètre d'Auschwitz, le Vatican et Israël entretenaient des relations diplomatiques, la culture juive était reconnue comme élément indissociable de la culture européenne.

Le 16 mars 1998, le Saint-Siège franchissait un nouveau pas positif. Dans un document publié sous le titre : *Nous nous souvenons. Une réflexion sur la Shoah*, l'Église exprimait des regrets pour l'attitude des chrétiens qui « n'ont pas toujours offert toute l'aide possible aux persécutés et en particulier aux Juifs » durant la Seconde Guerre mondiale, notamment en raison de « préjugés antijuifs présents dans les esprits et les cœurs de certains chrétiens ».

Enfin, le 23 mars 2000, lors de sa visite à Jérusalem, Jean-Paul II se rendit au Mur occidental puis à Yad Vashem... Devant une tombe contenant les cendres de victimes des différents camps de la mort, il devait revenir clairement sur la responsabilité chrétienne dans l'antisémitisme :

– Comme évêque de Rome et successeur de l'apôtre Pierre, j'assure le peuple juif que l'Église catholique, mue par la loi évangélique de la vérité et de l'amour, et non par des considérations politiques, est profondément attristée par la haine, les actes de persécutions et les manifestations d'antisémitisme qui ont été dirigés contre les Juifs par des chrétiens de tout temps et en tous lieux.

Le visage grave, éclairé uniquement par la flamme éternelle brûlant en souvenir de six millions de victimes, Jean-Paul II poursuivit :

– Je suis venu à Yad Vashem pour rendre hommage aux millions de Juifs qui, privés de tout, en particulier de leur dignité humaine, ont été tués au cours de l'Holocauste. Plus d'un demi-siècle a passé depuis, mais les souvenirs demeurent.

Ce voyage à Jérusalem, les déclarations de Jean-Paul II, sa présence devant le Mur occidental, sa visite à Yad Vashem m'ont bouleversé, et je suis infiniment reconnaissant au souverain pontife d'avoir ainsi balayé ce qui nous opposait encore. Le rapprochement judéo-catholique s'est vu ainsi débarrassé des principaux litiges qui pesaient sur lui. Nous devons d'autant plus nous entendre que l'islamisme, dans sa volonté d'hégémonie, combat à la fois les chrétiens et les Juifs, considérant les uns et les autres comme des êtres inférieurs. Je pense que nous avons aujourd'hui, chrétiens et Juifs, plus de points communs que de litiges qui nous opposent. Le dialogue interreligieux existe, il est possible, il est un pont. À date convenue, Juifs et chrétiens devraient se rencontrer, main dans la main, pour commémorer la Shoah, en œuvrant, comme le souhaite ardemment le pape, « pour un monde où régnera un respect authentique pour la vie et la dignité de tous les êtres humains ». Afin de faire en sorte qu'une solidarité fraternelle, une mémoire lucide et vigilante, un amour réel du prochain nous préservent, ensemble, d'une nouvelle tragédie universelle.

Le carmel a quitté le périmètre d'Auschwitz depuis dix ans, mais le volet purement polonais du problème marque le pas, même si les juges saisis du dossier ont finalement dû se prononcer. Un verdict a été rendu en décembre 2002 : le locataire et son association devront déguerpir du camp, le site sera réaménagé par le ministère de l'Intérieur, et la croix élevée devant l'ancien couvent se fera « moins visible ».

Depuis, je suis retourné sur place et j'ai pu constater que rien n'avait bougé. Je crains que bien peu de monde en Pologne n'ait réellement le désir de voir évoluer la situation. Tant que la croix reste dressée et jette son ombre sur les barbelés, j'estime que l'affaire n'est pas terminée.

5

GUERRES ET PAIX

Quand survint la guerre du Golfe, en janvier 1991, incapable de demeurer simple spectateur, je mis tout en œuvre pour voir la France témoigner sa solidarité avec la population israélienne soumise aux attaques des missiles irakiens. Dans l'urgence, j'ai organisé le voyage d'une délégation parlementaire, manière aussi de faire connaître aux hommes politiques de notre pays, toutes tendances confondues, l'angoisse et la pression subies par la population israélienne dans une période d'extrême tension. Pour cette visite d'une nation assiégée, j'ai pu réunir quelques figures de la droite, Dominique Baudis, François Bayrou, Alain Carignon, François Léotard, Gérard Longuet, Michel Noir, André Rossinot, Nicolas Sarkozy, ainsi que deux représentants de la gauche, Georges Frêche, maire de Montpellier, et Christian Pierret, maire de Saint-Dié-des-Vosges.

Mais les deux socialistes ont bien failli se désister juste avant le départ. En effet, à Orly, sur la passerelle qui conduisait à la salle d'embarquement, Frêche et Pierret ont été appelés au téléphone : à l'ultime minute, l'Élysée leur demandait de ne pas monter dans l'avion !

Selon la Présidence, ce déplacement engageait la France en un moment inopportun. Comment allaient réagir les deux édiles ? Ils sont venus me trouver, très ennuyés, ne sachant trop quelle position adopter... Je leur ai répondu qu'ils étaient majeurs et vaccinés, à eux de prendre leur décision. Mais je les ai prévenus :

– Si vous ne venez pas, tous les Juifs de France vous traiteront de lâches.

Un peu hésitants, pas très à l'aise, ils se sont finalement envolés avec nous. Plus tard, ils devaient me remercier de leur avoir tenu un langage de fermeté et d'avoir prononcé des mots qui les avaient incités à passer outre aux ordres pour découvrir une réalité qu'ils ignoraient.

À l'aéroport de Lod, l'ambassadeur de France est venu nous accueillir avec des masques à gaz. La consigne était la même pour tous : conserver ces masques constamment avec soi, unique protection en cas d'attaque chimique.

Nous nous sommes dirigés aussitôt vers Ramat Gan, dans la banlieue de Tel-Aviv, pour nous rendre compte des dégâts occasionnés par la chute d'un scud : des tôles tordues, des toits crevés, des murs éboulés, plus de mille appartements détruits... Cette vision d'apocalypse et de guerre totale témoignait de la violence des engins et de la détermination du dictateur de Bagdad. Pourtant, cette agression n'avait miraculeusement causé qu'une seule victime, morte d'une crise cardiaque.

Nous avons ensuite passé une soirée mémorable à Jérusalem avec le maire de la ville, le vieux sage Teddy Kollek, venu nous voir à l'hôtel avec son masque à gaz en bandoulière :

– Je n'ai pas peur pour moi, mais on nous demande de prendre notre masque, alors je le prends, soupira-t-il, fataliste.

Dans la nuit qui a suivi, deux ou trois alertes nous ont réveillés... Chaque fois, il fallait monter dans les étages et se réfugier dans une chambre étanche, hors de portée d'une éventuelle offensive chimique. Dans cet abri, j'ai retrouvé Elie Wiesel, muni lui aussi de l'inévitable masque à gaz. Comme nous, le célèbre prix Nobel avait éprouvé la nécessité de venir manifester sa sympathie à Israël en danger. Je le connaissais bien déjà, il était depuis longtemps pour moi un ami et un guide moral, et pour tous un personnage impressionnant par sa culture juive et sa force d'expression, aussi ai-je pleinement goûté la chance qui m'était offerte de pouvoir le présenter aux parlementaires français. Et pendant que de nouveaux scuds tournoyaient dans le ciel du pays, nous discutions de l'avenir d'un peuple avide de paix.

Un peu plus tard, de retour à Paris, François Mitterrand m'a convoqué pour m'exprimer son mécontentement à la suite d'une information diffusée par Eliezer Ben Eliahu, président de la Commission de défense à la Knesseth, tendant à établir que dans les têtes des scuds irakiens se trouvaient des éléments livrés par la France. Le Président se montrait profondément indigné par ces allégations. Il m'a soutenu avoir fait effectuer une enquête dont le résultat ne laissait planer aucun doute dans son esprit : la France n'avait rien fourni à l'Irak, ni directement ni même indirectement par le biais d'un pays tiers. Il m'a prié de communiquer cette conclusion à Yitzhak Shamir, le Premier ministre israélien, que je connaissais bien. Habituellement, ce genre de tâche revient évidemment à l'ambassadeur du pays concerné, en l'occurrence Ovadia Sofer, mais les relations entre le représentant d'Israël et l'hôte de l'Élysée n'étaient pas au beau fixe, et je me trouvais étrangement chargé de cette mission diplomatique. Je suis donc parti en Israël, j'ai rencontré un Shamir soucieux d'aplanir le différend, prompt à m'assurer que, selon lui, François Mitterrand restait proche des Juifs et d'Israël...

– Vous m'avez apporté un message verbal, je vous en transmets un autre : je me sens un ami du président Mitterrand.

En partant, je lui ai demandé si la France pouvait faire quelque chose pour Israël... Le Premier ministre a semblé réfléchir un instant, puis m'a lancé :

– Nous avons besoin d'un prêt de cinq cents millions de dollars à des conditions privilégiées afin de construire des immeubles d'habitation pour les Juifs émigrés d'ex-URSS qui arrivent massivement en Israël.

J'ai rapporté ces propos à Mitterrand dès mon retour. Peu de temps après, la Présidence m'informait que le prêt était accordé. Pourtant, le programme immobilier prévu n'a jamais été réalisé. Des raisons politiques s'y sont opposées : à l'époque, Ariel Sharon détenait le portefeuille du ministère de l'Habitat et prétendait utiliser cette garantie de crédit pour faire bâtir, par une société de son choix, des immeubles dans les territoires de Judée-Samarie. Or, les conventions stipulaient expressément que les constructions s'élèveraient dans la région de Beersheba et seraient assurées exclusivement par Fougerolles, une firme française.

Quelques années plus tard, je suis retourné en Israël avec Dominique Srauss-Kahn, ministre de l'Industrie et du Commerce extérieur. Je lui ai parlé de cette affaire au moment de monter dans l'avion. Pourquoi laisser dormir cet argent ? J'ai proposé d'édifier avec ce prêt une ligne TGV qui traverserait le pays d'Eilat à Haïfa, un train moderne dont Israël a grand besoin car ne circulent là-bas que des tortillards dignes d'un parc d'attractions. Arrivé à Tel-Aviv, Strauss-Kahn a contacté l'Élysée, et Mitterrand lui a donné son aval. Hélas, cette fois encore, rien n'a abouti. D'ailleurs, j'ignore absolument si les cinq cents millions de dollars auraient suffi pour monter un projet aussi ambitieux : n'ayant jamais construit de chemins de fer, j'avoue ne posséder aucune expérience en la matière. Plus récemment, j'ai rappelé à Jacques Chirac l'existence de ce prêt accordé et toujours disponible. À force d'obstination, Israël et la France parviendront peut-être un jour à trouver un terrain d'entente sur ce point.

Quelques mois après la guerre du Golfe, en juillet 1991, éclatait un nouveau conflit : celui de Yougoslavie. Je compris aussitôt que nous nous trouvions face à une conflagration marquée d'une forte connotation religieuse : Serbes orthodoxes et Croates catholiques s'entre-déchiraient dans des combats fratricides.

L'effondrement du régime communiste favorisait le réveil d'une vieille haine dont la source remontait, au moins, aux dramatiques années quarante. À cette époque, oustachis croates proallemands et tchetniks serbes royalistes s'étaient affrontés avec férocité. Pour le rappeler et raviver les sentiments nationalistes, la télévision de Belgrade diffusait en boucle des images d'archives montrant des Croates exterminant des Serbes... Dès lors, dans une rage destructrice qui n'épargnait rien ni personne, l'armée fédérale yougoslave et les milices serbes prenaient d'assaut les deux villes de Dubrovnik et de Vukovar en massacrant les populations...

Nous, habitants des contrées paisibles, ne pouvions pas assister les bras croisés à ces massacres qui rappelaient étrangement les années noires. Puisque cette guerre possédait une base religieuse, n'était-ce pas précisément aux responsables religieux d'agir ? J'ai alors lancé un appel aux représentants de toutes les confessions présentes en France, catholique, orthodoxe, protestante et musulmane. Je suis rapidement parvenu à les convaincre de l'impérieuse nécessité de tenter une mission de paix. Le pasteur Jacques Stewart, président de la Fédération protestante, m'a épaulé avec le plus grand dévouement, mais il y avait encore avec nous Mgr Joseph Duval, président de la Conférence épiscopale catholique de France, Mgr Jérémie, métropolite orthodoxe, et le recteur Tédjini Haddam, de la mosquée de Paris. Ensemble, nous avons décidé de nous rendre sans plus attendre à Belgrade et à Zagreb, capitales des deux antagonistes.

À Belgrade, nous avons rencontré le président Slobodan Milosevic et quelques autres personnalités politiques, mais également les hautes instances orthodoxes, catholiques et musulmanes. Nous avons immédiatement constaté que, sur le plan confessionnel, toute décision du côté serbe appartenait au patriarche Pavle, un petit homme vieilli mais très influent... J'ai tenté de le raisonner :

– Excusez-moi, mais enfin, vous êtes chrétiens tous deux, vous vous battez entre chrétiens...

Il a fini par me répondre :

– Je veux bien rencontrer le cardinal Kuharic, chef de l'Église catholique romaine en Croatie, mais lui refuse de me parler.

Nous avons donc décidé de partir pour Zagreb dès le lendemain. Un périple qui n'était pas simple car les relations directes étaient rompues entre les deux extrémités du pays. Il a fallu emprunter une ligne aérienne à destination de l'Autriche puis revenir en Yougoslavie par la Slovénie. C'était pourtant encore une seule et même nation, mais déjà divisée par l'animosité et les rancœurs.

Arrivés à Zagreb, nous avons rencontré d'abord le président Franjo Tudjman. Puis, en l'absence du cardinal Franjo Kuharic, son bras droit a accepté de nous recevoir. Je lui ai demandé :

– Pourquoi n'entamez-vous pas des discussions avec le patriarche Pavle pour essayer de trouver une solution ?

– Nous, nous voulons bien, c'est lui qui ne veut pas, a-t-il protesté.

– Il est quand même étonnant qu'il faille que ce soit un Juif qui essaye de rapprocher deux branches de l'Église chrétienne.

Ma remarque a fait sourire tout le monde, aussi me suis-je permis d'ajouter :

– Il est vrai que tout récemment le pape a souligné que les Juifs étaient les frères aînés de l'Église, en tant que tels cette responsabilité nous incombe sans doute...

Au bout de quelques semaines, les deux chefs spirituels se sont rencontrés à notre initiative en terrain neutre, à Budapest, et les combats de cette guerre religieuse ont fini par cesser. Le calme s'est instauré entre les deux communautés, mais après des milliers de morts.

Nous sommes rentrés en France le 5 novembre 1991, et, peu après, j'ai reçu un appel téléphonique de Bernard Kouchner, secrétaire d'État à l'Action humanitaire. Nous ne nous connaissions pas, mais il avait suivi mon intervention dans la presse.

– Ce que vous avez fait est magnifique, me dit-il, et je pense qu'il faut continuer, ne pas s'arrêter en si bon chemin. Si vous envisagez quelque chose, je suis avec vous...

Je lui ai demandé à quoi il songeait. Pour toute réponse, il m'a demandé de venir le voir, n'importe quel matin :

– À ce moment-là, j'ai mes réunions de cabinet, vous pourrez y assister.

Je suis arrivé dans un grand bureau, avec en son centre s'étalait une table autour de laquelle étaient assises une quinzaine de personnes. On m'a accueilli et prié de m'asseoir... Au hasard, j'ai pris place sur un siège vide. C'était précisément celui de Kouchner. Ce fut le seul moment de ma vie où je pus occuper, même brièvement, un fauteuil ministériel !

Après avoir expédié quelques affaires courantes, Kouchner s'est tourné vers moi et m'a confié qu'il avait l'intention d'organiser un grand concert de réconciliation dans la cathédrale de Dubrovnik, ville en partie en ruine. Il m'a proposé d'y assister, j'ai cru devoir refuser :

– Libre à vous d'organiser cette cérémonie, mais je n'y participerai pas. Si je le faisais, les Serbes pourraient me reprocher d'être partial. En revanche, je vous propose d'accomplir en commun un voyage à Sarajevo.

– Pourquoi Sarajevo ?

– Après ce qui vient de se passer, c'est là que va éclater un nouveau conflit. Les haines existent entre les différentes confessions dans tout le pays, mais à Sarajevo la situation est plus grave encore car les communautés sont entremêlées. Il n'y a pas de quartiers spécifiques, dans le même immeuble peuvent cohabiter un orthodoxe, un catholique, un musulman... Si la guerre était déclenchée, le sang coulerait dans chaque maison.

– Je ne renonce pas à mon idée de Dubrovnik, s'obstina Kouchner. Je vais organiser ce concert le 31 décembre, jour de la Saint-Sylvestre. Cinq cents invités nous rejoindront de France par bateau...

– Je vous le répète : je souhaite que nous allions ensemble à Sarajevo.

– Si vraiment vous insistez tant, d'accord, nous nous y rendrons la veille, le 30 décembre.

Effectivement, à la date prévue, nous sommes partis pour Sarajevo à bord d'un avion officiel. Le pasteur Stewart, Mgr Jérémie et le recteur Haddam étaient de nouveau du voyage ; quant à Mgr Duval, qui n'avait pu se joindre à nous, il s'était fait remplacer par Mgr Lucien Daloz, évêque de Besançon.

Alija Izetbegovic, l'homme fort de Bosnie, nous a reçus, ainsi que d'autres responsables politiques, et nous avons pu nous entretenir avec toutes les composantes religieuses, comme nous l'avions fait à Belgrade et à Zagreb.

Aux Eclaireurs israélites de France (1945), j'ai acquis la volonté
de participer à la vie juive, la force du militantisme et l'amour d'Israël.

L'un des moments les plus émouvants de ma présidence de la communauté juive de Strasbourg : la venue de Golda Meir en 1973, quelques jours avant la guerre de Kippour.

Avril 1978 : président de la communauté juive de Strasbourg, je recevais Moshe Dayan.

En 1991, avec
Yitzhak Shamir,
Premier ministre israélien.

Rencontre avec Itzhak Rabin à Jérusalem en 1992. © Jacques Zelter

Avec Shimon Peres, en 1995. Un homme de grande valeur, clairvoyant, intelligent, capable de plonger son regard loin dans l'avenir.

Avec Ariel Sharon, en 1999, un réaliste avant tout, qui pourrait bien imposer la paix.

A Strasbourg en septembre 1991, avec François Mitterrand, lors du « banquet républicain » à l'occasion du bicentenaire de l'accession des Juifs à la citoyenneté française. © Daniel Mordzinski

Avec Jacques Chirac lors d'une de mes nombreuses rencontres avec lui en 1996. © Nodel Photo

En 1996, l'Université de Haïfa faisait de moi un docteur *honoris causa* en grande tenue ! © Avi Hirschfield

En 1997, mon ami Jacques Chirac me remet la cravate de commandeur dans l'ordre national du Mérite. © Présidence de la République, service photographique

J'ai rencontré à trois reprises S. S. Jean Paul II, un grand pape qui a œuvré pour le rapprochement judéo-catholique. Ici en 1986. © Arturo Mari, Osservatore romano citta' del Vaticano

Rencontre à la mosquée de Paris avec le recteur Boubakeur et le Dalaï-Lama, en 1997.

Au mémorial de Vrace près de Sarajevo, le 30 décembre 1991. Photographie trouvée accrochée dans le bâtiment du mémorial : trois évêques effectuant le salut hitlérien à côté d'officiers nazis. Il semble que ce soient les mêmes dont les noms figurent à l'entrée du mémorial comme étant les principaux responsables du massacre des Juifs en 1941 (Mgr Stepinac, Hudel, Süri).

A Budapest en 1999, j'ai réuni quarante chefs religieux pour instaurer la paix au Kosovo.

Visite à Auschwitz en 2003, avec *à ma gauche* Hamlaoui Mekachera, secrétaire d'Etat aux Anciens Combattants, et *à ma droite* Eric Raoult, vice-président de l'Assemblée nationale.

Bernard Kouchner, qui possède un sens aigu du spectacle, avait loué le théâtre et convié un public nombreux tandis que nous, venus de France, assurions la représentation sur scène en compagnie des délégués religieux bosniaques. Le ministre français a demandé à chacun de prononcer quelques mots, le pasteur Stewart a fait un long discours, ensuite est venu le tour de Mgr Daloz, puis j'ai moi-même pris la parole :

– Je serai très bref. Je veux simplement vous dire ce qui m'a incité à venir ici, c'est une phrase du Talmud : « Sauver une vie, c'est sauver l'humanité tout entière. »

Je suis retourné à ma place sous les applaudissements de la salle, tandis que le représentant musulman, assis à côté de moi, me tapait sur l'épaule et me glissait avec humour :

– Monsieur le président, ne voulez-vous pas parler aussi au nom de l'islam ?

La concorde régnait sans aucune ombre et chacun renchérissait dans les déclarations d'entente et de fraternité. À l'issue de notre prestation, un déjeuner amical réunit notre délégation et les responsables locaux ; tout cela se déroula encore dans une excellente ambiance, la menace de guerre paraissait bien loin. Vers 15 heures, Bernard Kouchner donna le signal du départ :

– On va s'en aller maintenant, avant que la nuit ne tombe...

À ce moment, le ministre et moi étions déjà plus intimes, nous avions choisi de nous tutoyer. Il est vrai que l'on se tutoie rapidement avec Kouchner.

– Bernard, je te préviens : je ne monterai pas dans l'avion sans avoir visité le Mémorial de Vrace situé au-dessus de Sarajevo.

– Pourquoi veux-tu aller là-bas ?

– J'ai mes raisons. Si tu viens avec moi, tu verras !

Les palabres n'ont pas duré très longtemps, nous avons décidé de monter sur cette colline et d'y entraîner notre délégation flanquée de tous les chefs religieux bosniaques. Mais le responsable catholique de Sarajevo nous a priés de l'excuser :

– Nous devons renoncer à vous accompagner, nous avons une séance de travail.

Dommage.

Peu après, Mgr Daloz est venu m'annoncer que ses amis lui demandaient de rester avec eux pour cette réunion... Je n'ai pas accepté cette échappatoire :

– Monseigneur, nous avons tout fait ensemble jusqu'à présent, j'aimerais beaucoup, cette fois encore, que vous veniez avec nous.

Philippe Harrouard, journaliste de France 2 chargé de couvrir l'événement, a soufflé à l'évêque :

– Je crois que vous devriez accepter...

Devant tant d'insistance, Mgr Daloz ne pouvait pas se dérober.

Nous sommes partis en voiture, et, après vingt minutes d'une ascension difficile sur une mauvaise route envahie par la neige, nous arrivâmes devant d'imposantes fortifications, jadis réaménagées en mémorial par le maréchal Tito. Une grande flamme du souvenir brûlait devant un mur de pierres dans lequel étaient ciselés, comme une dentelle, les noms de neuf mille victimes – dont sept mille Juifs – assassinées par les nazis et leurs supplétifs. La guide nous a traduit les mots gravés sur une plaque apposée contre les anciens remparts. Ici figuraient l'identité des principaux assassins, des évêques croates : Aloïs Stepinac, Aloïs Hudal, Juseppe Sivip... La jeune femme précisa que ces individus ne s'étaient pas contentés d'inciter leurs ouailles au massacre, ils avaient eux-mêmes manié la mitraillette.

Afin de marquer la solennité du moment, Kouchner et moi avons prononcé chacun quelques mots. Pour ma part, j'ai souligné combien il était symbolique que l'ensemble des confessions vienne se recueillir devant ce monument en un moment où un nouveau conflit risquait d'embraser la région.

Puis nous avons traversé les couloirs pour arriver devant une petite cour intérieure où se trouvaient évoqués les noms de mille cinq cents enfants assassinés. La délégation voulait demeurer à l'entrée de cette cour ; pour ma part, je tenais à y pénétrer. Il me paraissait impensable de rester ainsi sur le seuil, observateur lointain, il me fallait entrer, voir, pleurer peut-être... et tout le monde m'a suivi. Perdus dans ce coin du bout du monde, entre les vieilles murailles d'une citadelle bosniaque, nous avancions avec de la neige jusqu'aux genoux. Instant irréel, dramatique, saisissant. Extrêmement troublé, j'ai exprimé mon intention de réciter la prière des morts, et Kouchner m'a encouragé à le faire. En prononçant le *kaddish*, j'ai ressenti l'émotion qui nous étreignait, tous unis dans le souvenir des vies fauchées par la haine, et probablement aussi dans la vision anticipée d'une guerre annoncée.

Le pasteur Jacques Stewart s'est avancé pour me serrer dans ses bras et me déclarer, la voix brisée :

– À partir d'aujourd'hui, ce n'est plus Monsieur le président et Monsieur le pasteur, mais Jean et Jacques, nous sommes frères.

Mgr Daloz, quant à lui, me confia combien il m'était reconnaissant d'avoir tant insisté pour l'entraîner dans ce périple vers la mémoire.

Ce fut pour moi l'un des moments les plus émouvants de mon existence.

En nous dirigeant vers la sortie, nous avons fait une halte devant une photo qui m'a fortement impressionné et dont je garde intacte l'image dans ma mémoire. L'agrandissement couvrait tout un mur et montrait des SS en uniforme faisant le salut hitlérien, tandis qu'à leurs côtés quelques évêques, eux aussi le bras tendu, posaient fièrement en compagnie des vainqueurs allemands. Il s'agissait à l'évidence des prélats meurtriers dont les noms avaient été égrenés tout à l'heure par notre guide.

Ensuite, nous sommes redescendus vers Sarajevo et avons pris l'avion pour Bari, en Italie, où faisait escale le bateau amenant les invités de Kouchner pour le concert de Dubrovnik. Fidèle à ma position de neutralité absolue, j'ai renoncé à m'y rendre et suis rentré seul avec l'avion officiel qui m'a déposé à l'aéroport militaire de Villacoublay.

Depuis, j'ai appris que le Mémorial de Vrace a été fortement endommagé au cours des années suivantes, lors de la guerre en Bosnie. En particulier, la photographie des évêques se pavanant avec des nazis, document qui m'avait tant bouleversé, a disparu. Volonté délibérée des assaillants serbes d'occulter le passé ou conséquence fortuite des troubles, des affrontements et des tirs d'obus ?

À mon sens, seule une Europe forte et unie pouvait éviter d'assister à une nouvelle extension de la loi du plus fort et du règne de la violence. Voilà pourquoi, dès cette époque, qui voyait les traités de Maastricht se mettre en place, la construction européenne tenait une place importante dans mes préoccupations et dans ma vision de l'avenir.

Mes positions n'ont pas changé. Elles sont fondamentalement inspirées par mon appartenance au judaïsme et sans doute aussi par ma citoyenneté strasbourgeoise. À travers mon existence, mais aussi à travers ma ville, j'ai pu voir, tour à tour, les conséquences funestes de la guerre et de l'intolérance, puis, avec les débuts de l'Union, les bienfaits de l'ouverture, du dialogue, de l'échange. Plus que quiconque en France, me semble-t-il, les Strasbourgeois sont à même de juger des apports de l'Europe et de l'importance, pour l'avenir de leur région et du pays tout entier, du succès de l'entreprise européenne.

Mais si je n'étais pas strasbourgeois, l'expérience historique du judaïsme m'aurait aussi conduit vers l'ouverture européenne. Je dirais, un peu par boutade, que nous, Juifs, avons été les premiers Européens. Mais la boutade possède sa part de vérité car les siècles nous ont appris à conjuguer notre fidélité religieuse avec notre appartenance nationale, et les époques troublées du passé nous ont incités à maintenir, au-delà des frontières, des échanges économiques, culturels, spirituels. En plein Moyen Âge déjà, rabbins et philosophes dépêchaient connaissances, réflexions et avis d'un bout à l'autre du continent. Faut-il rappeler encore l'importance des interprètes juifs dans les contacts internationaux ou celle des médecins juifs dans la préservation et la transmission d'un savoir antique, patrimoine commun de l'humanité ?

La construction européenne répond également à des préoccupations plus immédiates qui font appel à ma conscience de démocrate et à ma perception de Français et de Juif. En effet, n'est-ce pas l'Europe qui a permis la réconciliation franco-allemande, une des bases de la stabilité de l'Europe occidentale dans la seconde moitié du XXe siècle ? Demain, seule une Europe vivante, puissante, unie pourra nous garantir des tentatives d'hégémonie génératrices d'oppression et de conflit venues d'un pays fort de ses capacités économiques et militaires.

Par des prises de position concertées, l'Europe aura la capacité de garantir le maintien d'un ordre démocratique dans les pays membres de l'Union. Par la puissance de l'exemple et par l'influence que lui donnera son ampleur géographique, économique, politique, elle pourra contribuer à la construction et à la sauvegarde de la démocratie dans les parties du continent européen restées en dehors de la Communauté.

Oui, l'Europe peut représenter un rempart solide et un antidote efficace contre les dangers d'expansion du racisme et de l'intolérance, les infamies de l'exclusion des minorités et les menaces de la guerre, autant de périls que nous avons vus et que nous voyons encore, hélas, à l'œuvre dans certaines contrées de l'Europe centrale et orientale libérées de l'oppression communiste. Les conflits larvés et les explosions sporadiques dont nous avons été les témoins à l'Est, mais également des événements aussi honteux que des émeutes xénophobes, montrent, s'il en était besoin, la nécessité de ces antidotes. Il n'est pas jusqu'aux insuffisances de l'Europe qui ne me confirment dans ce sentiment : si le continent unifié n'a pas donné toute sa mesure dans le conflit multiforme qui a déchiré l'ancienne Yougoslavie, il n'en a pas moins fait preuve d'une certaine solidarité. Plus avancée dans sa construction, je ne doute pas que l'Europe eût pu faire mieux, plus, et plus vite.

Voilà pourquoi ceux qui voudraient réduire la construction européenne à ses seules dimensions économiques et commerciales se trompent. Car, au-delà de sa réalité marchande, c'est autour de valeurs que, de plus en plus, se fait l'Europe, valeurs de la démocratie, de la tolérance et des Droits de l'homme.

En avril 1992, j'ai lancé, avec Mgr Duval et le pasteur Stewart, un appel pour une Europe fraternelle, message envoyé vers la Yougoslavie déchirée, mais aussi réponse à Jean-Marie Le Pen qui venait de déclarer que les accords de Maastricht constituaient « le début de la fin de la France » : « Représentants des grandes religions et autorités morales présentes en France, nous nous sommes rendus ensemble, il y a quelques mois, en Yougoslavie. Par cette démarche symbolique, nous entendions appeler à la raison dirigeants politiques et responsables religieux afin de tenter d'éviter le bain de sang qui, à travers les partitions, ravage le pays et menace l'ensemble de l'Est de notre continent.

« Une partie de l'Europe se fractionne aujourd'hui dans un contexte de retour à des nationalismes exacerbés portés à l'intolérance, l'exclusion des minorités, la résurgence du racisme et de l'antisémitisme. Que fait, que peut faire l'autre Europe ?

« Nous appelons solennellement les dirigeants de l'Europe de la Communauté à poursuivre leur action de rassemblement des nations démocratiques, attachées à une éthique fondée sur la notion du respect de l'autre.

« C'est seulement autour de ces valeurs essentielles qu'ils pourront à la fois élargir l'Europe démocratique, y intégrer d'autres nations qui, actuellement, se cherchent désespérément, et affirmer haut et fort que notre continent est et doit rester celui de la liberté. »

Bientôt, la guerre embrasa Sarajevo. La situation, à moins de deux heures d'avion de Paris, s'avérait inconcevable, insupportable. Comment pouvions-nous encore entendre prononcer des mots comme « purification ethnique », évocateurs d'une autre époque ? Comment pouvions-nous assister, impassibles, à des tortures, des viols collectifs, des meurtres commis au quotidien par des *snipers*, souvent des mercenaires payés à la tête abattue, à la condition de rapporter les oreilles de la victime, preuve du travail accompli ?

Il apparaissait urgent de porter secours à des populations écrasées par le malheur, sans tenir compte des origines et des appartenances ethniques. J'ai convaincu Bernard Kouchner de livrer à la « Benevolencija », association caritative juive centenaire, les huit tonnes de vivres et médicaments offerts par la France aux habitants de Sarajevo, cela afin de parvenir à une équitable répartition aux victimes, quelle que soit leur confession.

En effet, la communauté juive se voyait reconnue par les différents antagonistes comme la seule à pouvoir procéder à cette distribution dans la transparence et la justice.

Lorsqu'une conférence sur la Yougoslavie fut organisée à Londres, je m'y suis rendu sans hésiter. Dans cette action comme dans bien d'autres, je ne cherchais pas vraiment à savoir si cela entrait ou non dans mes attributions. Je me mobilisais pour la cause humanitaire simplement parce que je ressentais la nécessité d'agir.

Cette fois, il importait pour moi de faire évacuer de la ville martyre une centaine de personnes. À force de persuasion et de négociations, j'ai arraché l'accord de toutes les parties en présence. Comme aucun des belligérants, Serbes, Croates, Bosniaques, n'acceptait de signer sur le même papier que l'ennemi, j'ai obtenu trois documents : chacun de son côté offrait l'assurance de ne pas attaquer les avions français et les convois engagés dans cette opération de sauvetage.

Je me suis envolé pour Split, cité des bords de l'Adriatique à partir de laquelle les Hercule français devaient faire la rotation de Zagreb à Sarajevo pour déposer des denrées alimentaires et repartir chargés de réfugiés. Malheureusement, ce jour-là fut un moment d'intenses violences : les premiers appareils tricolores à prendre l'air servirent de cibles aux combattants et rentrèrent à la base le fuselage marqué d'impacts de balles. Il nous fallut renoncer car le commandement français, en alerte maximum, nous interdit de poursuivre la mission. Tant d'efforts et d'espoirs se trouvaient anéantis en quelques heures.

À force d'actions, de tentatives réussies ou avortées, je commençais à être un peu connu comme l'homme des situations désespérées. C'est sans doute pourquoi, fin 1992, le président bosniaque Alija Izetbegovic m'appela. J'avais conservé de bonnes relations avec lui depuis notre rencontre, nous nous téléphonions régulièrement, mais cette fois il me contactait pour formuler une demande très particulière :

– Écoutez, mon ami, vous qui êtes prêt à faire de grandes choses, nous avons une centaine de prisonniers musulmans qui sortent d'un camp à régime sévère de Serbie. Ce sont des gens moralement déprimés, il faudrait rapidement leur trouver un accueil à l'étranger pour six mois ou un an afin qu'ils puissent se soigner et se remettre.

Je ne pouvais rester sourd à cet appel. Cinquante ans auparavant, nous aurions tant souhaité que des avions décollent pour venir nous sortir de l'enfer... C'est la raison pour laquelle la communauté juive se doit d'être en éveil chaque fois qu'une catastrophe surgit dans le monde.

J'ai aussitôt écrit une lettre à trente ou quarante États, parmi lesquels tous les pays musulmans : Égypte, Tunisie, Turquie, Maroc, etc. J'ai également envoyé des messages à des pays d'immigration comme le Canada et l'Australie... Pas une seule réponse ! Si, une tout de même : celle de la Nouvelle-Zélande qui se contentait de souligner combien l'idée était intéressante.

Face à une indifférence aussi bien partagée, j'ai pensé que seul Israël pouvait répondre favorablement à la requête du président Izetbegovic. L'État juif n'avait-il pas fait preuve d'un comportement exemplaire en accueillant, en 1977, des *boat-people* du Sud-Est asiatique, et s'était même distingué comme le pays qui en avait reçu le plus grand nombre proportionnellement à sa population ? J'ai téléphoné à des amis responsables à Jérusalem :

– Ce serait magnifique si vous receviez ces musulmans bosniaques, vous montreriez aux yeux du monde votre caractère humanitaire...

Ils ont accepté. Encore fallait-il s'envoler pour Zagreb avec un avion de cent cinquante places afin de transporter de Croatie en Israël les personnes concernées par ce programme. Mais comment et où trouver l'appareil ? J'ai téléphoné à Gilbert Trigano : je n'ignorais pas que le patron du Club Méditerranée possédait des intérêts dans Air Liberté. Était-il en mesure de m'aider ? Pour quatre cent mille francs, il pouvait m'arranger un vol Paris-Zagreb-Tel-Aviv et retour sur Paris. Je n'avais pas le premier sou, mais j'ai accepté tout de même. Quitte à solliciter plus tard quelques amis généreux acquis à cette cause.

Ensuite, tout s'est enclenché très vite. J'ai réuni un groupe d'accompagnateurs, dont un médecin, et c'est à la veille du départ seulement que j'ai pu annoncer à mon ami le docteur Marcel Goldstein, mon conseiller au Crif :

– Marcel, demain tu vas à Zagreb avec moi, et de là nous partons pour Tel-Aviv...

– Moi ? Mais non, demain j'ai une réunion du conseil de l'ordre des médecins !

– Je regrette, mais tu viens.

Au petit matin du 16 février 1993, nous avons décollé d'Orly pour nous poser deux heures plus tard à Zagreb, sur un aéroport désert et glacé où n'atterrissaient que de rares avions des Nations unies. Nous avions prévu d'embarquer sur place cent une personnes exactement, mais la radio croate avait annoncé la veille la volte-face du Comité des maires arabes israéliens qui refusait soudain de participer à l'entreprise par crainte d'entériner « une opération médiatique en faveur d'Israël ». En conséquence, une petite vingtaine de réfugiés renonçaient à partir. Restaient tout de même quatre-vingt-quatre candidats à l'émigration, des familles entières, parents et enfants, heureux de trouver une terre d'accueil.

Dans l'avion, Stéphane Trano, journaliste de *Tribune juive*, a pu interviewer quelques-uns de ces réfugiés. « Sulejman, trente-trois ans, et sa femme Fetifa, vingt-neuf ans, osent à peine regarder ceux qui les interrogent, et serrent contre eux des enfants étrangement silencieux et absents, que plus rien ne rassure. Fetifa laisse un frère en enfer, et Sulejman ses parents. “ Peut-être que nous partons pour toujours, explique cet ancien charcutier d'une petite ville du nord de la Bosnie. Mais nous devions partir, au moins pour que nos enfants aient une chance d'oublier toute cette horreur. ”

« Ibrahim et Musnata, eux, viennent de quitter le camp d'internement de Savubrisa. Ils expliquent leur empressement lorsqu'on leur a proposé de partir en Israël. Ibrahim avait un restaurant, Musnata préparait un diplôme de géomètre. “ Les Serbes étaient nos frères, et nous étions tous slaves. " La suite se lit dans un regard meurtri. Que savent-ils d'Israël, eux, musulmans aujourd'hui sauvés par des autorités juives et israéliennes ? " En Bosnie, confient-ils, les Juifs et les musulmans ont toujours été ensemble. C'est logique pour nous d'aller en Israël, une terre de réfugiés. " »

Bientôt l'avion s'est posé à Tel-Aviv où ces immigrants un peu particuliers ont été reçus dans la musique et les danses. Un grand moment. Au nom du gouvernement, Yossi Sarid, ministre de l'Environnement, prononça quelques mots :

– Je voudrais émettre deux souhaits. Le premier est que votre séjour parmi nous soit aussi agréable que possible, et qu'il soigne progressivement les blessures du corps et de l'âme pour vous aider à supporter la mémoire de cet affreux cauchemar que vous avez vécu. Le second vœu est que vous restiez le plus brièvement possible dans ce pays, non pas parce que nous ne souhaitons pas vous garder, au contraire, vous êtes nos bienvenus et très aimés invités, et vous pouvez rester ici autant que vous le souhaiterez, mais parce que si votre séjour en Israël est bref, cela signifiera la fin de la guerre en Bosnie.

Après cette réception, les réfugiés bosniaques ont été conduits au centre de villégiature de Maagan Mikhaël, près de Haïfa, où des dizaines d'habitants arabes des localités voisines sont venus à leur tour leur souhaiter la bienvenue.

– Pour nous, ce n'est pas une question politique. Nous accueillons avec chaleur nos coreligionnaires musulmans, a déclaré Ibrahim Amash, maire adjoint du village de Jezer el-Zarka.

Six mois plus tard, je suis retourné à Haïfa. Ces exilés arrachés à l'horreur avaient retrouvé une vie apaisée et peut-être une part de bonheur. Beaucoup d'entre eux avaient appris des rudiments d'hébreu, plusieurs s'étaient faits jardiniers dans le parc de Maagan Mikhaël, et certains avaient même demandé à s'installer définitivement en Israël. Depuis, quelques-uns sont effectivement restés sur place, les autres sont retournés en Bosnie.

Pendant ce temps, les combats continuaient dans une Yougoslavie démembrée. Pour tenter de mettre fin aux abominations qui s'y déroulaient, j'ai rencontré quatre fois Slobodan Milosevic, le président serbe : à Belgrade tout d'abord, puis au Parlement européen à Strasbourg. Des informations révoltantes me parvenaient par le biais du ministre des Affaires étrangères de Bosnie, un jeune homme sympathique qui voyageait constamment et livrait à Londres, Paris, Strasbourg des rapports détaillés sur les exactions des troupes serbes. J'ai protesté auprès de Milosevic, au moins pour lui faire savoir que nous étions parfaitement au courant des atrocités dont ses hommes se rendaient coupables sous son autorité.

– Monsieur le Président, lui ai-je dit, j'ai appris que les Serbes jouaient au football sur le terrain du stade de Sarajevo...

– Et alors ? Ils n'ont pas le droit de jouer au football ? me demanda-t-il.

– Ils n'ont pas le droit de se servir de la tête d'un musulman décapité en guise de ballon !

Il a haussé les épaules :

– Pendant les guerres, il arrive toujours des choses de cette nature...

Puis il s'est tourné vers son collaborateur :

– Vous vérifierez cette information.

Ce qui m'a choqué chez Milosevic, c'est son regard : un regard de bête sauvage qui ne vous fixait jamais. Mais quand je parvenais à le scruter, les yeux dans les yeux, j'étais affolé... Une vraie canaille, un authentique criminel de guerre ! S'il était condamné par le Tribunal pénal international, une seule sanction s'imposerait : la peine maximale. Nous nous trouvons là devant un cas tout à fait exceptionnel, et il me paraît indispensable de faire un exemple, de démontrer qu'un responsable politique ne peut pas disposer à son gré de la vie de milliers d'individus pour assouvir sa soif de pouvoir.

Après la conflagration serbo-croate et le conflit de Bosnie-Herzégovine, a éclaté la guerre du Kosovo. Je me montrais toujours partisan convaincu d'un rapprochement entre religieux pour aplanir les difficultés dans les Balkans. Sentiment conforté par ces révélations : des moines orthodoxes avaient accueilli dans leur monastère des musulmans afin de les protéger, et Milosevic suspendait l'épuration ethnique au Kosovo après une intervention du chef orthodoxe yougoslave.

Encore une fois, il se révélait urgent de mobiliser toutes les bonnes volontés. En juillet 1999, j'ai organisé à Budapest une conférence sur la paix et la tolérance dans les Balkans. Quarante et un chefs religieux, catholiques, orthodoxes, protestants, musulmans et juifs, se sont réunis, notamment Mato Zovic, vicaire général de

Sarajevo, Mgr Irinej Bulovic, évêque de Backa, Haji Hamddija ef. Jusufspahic, mufti de Belgrade, Ifet Mustafic, conseiller de l'imam de Bosnie-Herzégovine, Mohamed Mustafa, secrétaire de la Faculté d'études islamiques de Skopje, Jakob Finci, président de la communauté juive de Bosnie-Herzégovine, Djordje Hajzler, de la Fédération des communautés juives de Yougoslavie.

Les personnalités assemblées ont toutes signé un protocole, déclaration d'intention destinée à dissiper les haines et à indiquer le chemin vers la paix :

« Les participants chrétiens et musulmans expriment leur gratitude aux organisateurs qui ont gardé en mémoire les souffrances du peuple juif à travers les siècles. Les participants ont mené une discussion sur le rôle et la responsabilité des leaders religieux dans la promotion du dialogue et de la coopération après les récentes tragédies dans les Balkans.

« La conférence tombe d'accord sur le fait qu'il devrait incomber à chaque groupe religieux la responsabilité d'exprimer la profonde préoccupation face aux conflits et violences perpétrés contre leurs frères et sœurs des autres religions et de donner leur soutien à ces victimes d'agressions.

« La conférence met l'accent sur la nécessité de négociations pour remplacer les conflits au profit d'un dialogue stable et continu et d'une coopération suivie.

« En outre, l'éducation devrait être le moyen pour atteindre la compréhension mutuelle et prévenir des hostilités religieuses et culturelles et assurer la contribution constructive de toutes les communautés à la recherche de la paix, de la tolérance, de la justice sociale et des Droits de l'homme.

« La conférence n'a pas cherché à nier la diversité existante, elle a plutôt essayé de faire croître la prise de conscience des différences et la nécessité d'une expression sincère de la religion.

« Chacune de ces religions a sa place particulière dans l'histoire de l'Humanité et doit chercher à utiliser cette diversité sur un mode positif face à l'intolérance, la discrimination et les préjugés.

« Les trois religions, filles d'Abraham, étaient un soutien sûr pour les générations à travers des temps difficiles. Nous devons, par conséquent, donner notre assentiment au rêve d'une paix permanente avec un message digne de confiance, message qui pourrait délivrer l'espoir et la réconciliation entre les individus et le peuple.

« Étant donné que les leaders religieux exercent leur pouvoir par les mots, nous faisons appel à l'intégrité de ces chefs religieux de toute la région pour parler avec courage à leurs coreligionnaires afin de transformer la douleur et les deuils en une dynamique qui pourra soigner ce qui a été blessé et reconstruire ce qui a été détruit.

« Un accord a été trouvé au terme duquel la conférence mettra en place un groupe de travail permanent et un comité d'observation pour offrir un visage humain et spirituel en cette période de reconstruction des Balkans, seule façon de garantir la dignité humaine. »

Et cette proclamation finale s'achevait sur trois citations extraites des Écritures, façon de démontrer que chacune des religions prêchait la paix :

« Regardez comme est belle et enchanteresse cette assemblée de frères » (Psaume 133).

« Bénis soient ceux qui font la paix car on les appellera fils de Dieu » (Matthieu V, 9).

« Ô hommes, nous vous avons créés à partir d'un mâle et d'une femelle, et nous vous avons divisés en nations et en tribus afin que vous vous connaissiez. Celui qui est le plus respecté aux yeux d'Allah est celui qui est le plus pieux » (le Coran).

Ensemble, nous avons également demandé aux représentants de tous les cultes d'intervenir auprès de Milosevic pour l'inciter à arrêter définitivement les massacres. Et notre appel s'est révélé utile. J'ose croire que mon initiative n'est pas tout à fait étrangère à la paix qui règne depuis lors dans cette région.

Mais je crains que de nouveaux conflits n'éclatent un jour ou l'autre. Dans cette partie de l'Europe découpée un peu trop scolairement par les traités de Versailles de 1919, dans cet espace dessiné sans tenir aucun compte des populations et des réalités, de nombreux problèmes douloureux demeurent en suspens. Les Slovaques de Hongrie ou les Tziganes de la République tchèque, par exemple, continuent de se voir méprisés et traités d'une manière insupportable, comme s'il s'agissait de sous-hommes indignes de partager la vie de leurs concitoyens. Si l'on n'y prend garde et si on laisse se développer de tels comportements, ces minorités ne vont-elles pas tenter de s'imposer par la violence dans une Europe élargie où chaque peuple cherchera sa place ?

6

LA PLACE DES JUIFS

Chaque fois qu'il m'était possible de marquer l'anniversaire d'un événement significatif de l'itinéraire des Juifs en France et des annales de la République, je profitais de l'occasion pour réaliser une célébration dont les médias se fassent largement l'écho. Aujourd'hui encore, il m'apparaît important de démontrer publiquement l'intérêt que nous portons à l'histoire de France, car nous y avons notre place légitime, comme une composante du tissu national.

En 1991, j'ai estimé nécessaire de célébrer avec éclat le bicentenaire de l'accession des Juifs à la citoyenneté française, ce que certains appellent « l'émancipation des Juifs ». En réalité, ils étaient déjà en partie émancipés auparavant, mais le 27 septembre 1791 se déroula le débat à la Constituante aboutissant à reconnaître tous les Juifs du territoire comme citoyens français. Événement non négligeable : à la faveur des Lumières, trente mille Juifs d'Alsace et de Moselle, deux mille de la région de Bordeaux et cinq cents de Paris devenaient citoyens actifs, partageant désormais les mêmes droits et les mêmes devoirs que leurs compatriotes.

Avec le soutien de Catherine Trautmann, maire de Strasbourg, j'ai longuement préparé cette commémoration. Le choix de cette ville, outre le fait qu'il y réside une importante communauté, s'imposait pour trois raisons au moins : l'importance du judaïsme d'Alsace à la fin de l'Ancien Régime, le fait que l'émancipation concernait d'abord les communautés juives de la France de l'Est, et enfin le rôle de Strasbourg comme capitale des Droits de l'homme.

Les cérémonies se sont ouvertes par un grand « banquet républicain » présidé par le chef de l'État. Dans son discours, François Mitterrand, qui, on le sait, se montrait particulièrement intéressé par l'Histoire, développa le cours des persécutions et des humiliations subies par les Juifs avant et après la reconnaissance de leur citoyenneté, mais insista également sur la signification du décret de 1791 :

– Pour la première fois en Europe, un grand et ancien État catholique admettait les Juifs à la dignité de citoyens, aptes à exercer toutes les professions, tous les métiers, libres et égaux enfin.

Le lendemain, un colloque réunissait des personnalités aussi diverses que Simone Veil et Robert Badinter. Pour ma part, je me suis exprimé sur les significations historique et politique de l'émancipation de 1791. C'était le symbole de 1789 qui se réalisait pleinement, donnant à la Révolution sa véritable dimension, c'était également un pari sur l'identité future de la France. En effet, au-delà des préjugés religieux et de la persistance de l'antisémitisme traditionnel, le judaïsme démographiquement majoritaire de cette époque, le judaïsme alsacien, semblait poser un problème : marqué dans une différence tout à la fois revendiquée et imposée, d'aucuns doutaient de sa volonté de « s'intégrer », pour utiliser une terminologie moderne. Faire un arrêt sur image de la décision des constituants de 1791 revenait à célébrer la victoire de ceux qui voulurent croire la France capable d'accueillir comme citoyens une population apparemment si singulière ; non sans saluer cette communauté pour sa faculté à enrichir l'ensemble français, tout en refusant de renoncer à sa vocation propre.

Faut-il évoquer le grand nombre de scientifiques, médecins, chercheurs, écrivains, industriels, commerçants ou modestes artisans juifs appartenant désormais au patrimoine national ? Je ne voudrais en citer qu'un seul exemple, celui de René Cassin, à qui nous devons la Déclaration universelle des droits de l'homme.

Faut-il encore rappeler que, à l'appel du pays en danger, de la Révolution à la Seconde Guerre mondiale, les citoyens juifs ont toujours répondu présent, rejoints par un très grand nombre de leurs coreligionnaires fraîchement émigrés, et dont le sacrifice s'inscrit dans toutes les pages douloureuses et glorieuses de notre histoire récente ? Ces engagés volontaires, dont la présence sur le sol national n'était pas toujours provoquée par les difficultés économiques des pays où ils étaient nés, avaient choisi la France des Lumières, celle de Condorcet, de Hugo, de Zola. La France nous a donné la dignité, les droits et les devoirs qu'ont tous ses enfants. Le judaïsme les lui a rendus, avec amour et sans compter.

Une équation a longtemps prévalu selon laquelle l'émancipation équivalait à une assimilation totale. Des voix juives se sont fait entendre en notre temps pour critiquer le prétendu triomphalisme des héritiers de l'émancipation et mettre l'accent non sur les acquis de cette émancipation mais sur les renoncements auxquels le judaïsme aurait dû consentir. Mais l'émancipation n'a-t-elle pas constitué elle-même l'indispensable condition pour que puissent émerger à la fois ces questionnements sur notre identité et cette critique des effets pervers, réels ou supposés, de l'émancipation ? Certes, il y a eu un prix à payer pour l'émancipation. La dissolution dans le groupe majoritaire représente une tentation qui a toujours existé chez les Juifs. C'est vrai, l'émancipation a facilité l'expression et la mise en œuvre de cette tendance. Mais le mouvement se prouve aussi en marchant.

Deux siècles après l'émancipation, l'existence d'une communauté juive française vivace, identifiée à ses valeurs, unie dans l'attachement à l'existence et à la sécurité de l'État d'Israël tout en étant, dans le même temps, part intégrante et active de la créativité nationale, atteste combien peut être fallacieuse l'équation « émancipation = assimilation = disparition ».

Il me semble également que la naissance du sionisme politique et la vision nationale de la question juive furent, elles aussi, redevables à l'émancipation, même si les Juifs de France définissent leur appartenance comme religieuse, historique, culturelle, et jamais nationale. Cependant, l'émancipation a indéniablement joué un rôle dans l'élaboration de la pensée sioniste. Cela directement par l'adoption de la théorie de l'État-nation, et indirectement par l'accroc dans le processus d'émancipation qu'ont représenté l'antisémitisme français de la fin du XIXe siècle et l'affaire Dreyfus. Assurément, ces éléments ont participé d'une manière déterminante à la cristallisation et à la réflexion de Theodor Herzl, puis à la mise en application de ses théories par les premières immigrations en Palestine accomplies par des Juifs de Russie, précisément privés d'émancipation.

1791 conserve encore des résonances d'une actualité étonnante. Dans les convulsions qui ont secoué le continent européen, on retrouve, avec la liberté conquise, un printemps des peuples trop souvent maculé du rejet des minorités, des différents, rejet détestable qui ponctue immanquablement l'hiver des peuples. Encore une fois, je pense particulièrement aux Tziganes, soumis aujourd'hui dans toute l'Europe centrale et orientale à des préjugés infâmes, à des ségrégations, voire à des persécutions. À quand le 1791 des Tziganes de la République tchèque et de la Roumanie ?

À quand, chez nous, la fin des discriminations indignes du bicentenaire de la liberté ? Peu avant cette célébration, le maire de Charvieu-Chavagneux, dans l'Isère, refusait de célébrer un mariage entre un Français catholique et une immigrée algérienne, au prétexte qu'il y avait trop de musulmans dans sa commune ! Au même moment, le hasard me permettait de mettre la main sur une lettre datée de 1813. Un père juif alsacien protestait contre l'abus de pouvoir d'un édile municipal qui, lui, ne s'opposait pas à l'union de deux couples juifs, mais y mettait cependant une condition, une seule : que les jeunes époux s'engagent à ne pas résider sur le territoire de sa commune où l'on comptait déjà, disait-il, « trop de

Juifs »... Il y a l'émancipation dans la loi, mais il y a aussi celle qui doit se faire dans les esprits. C'est là sans doute un idéal plus difficile à atteindre.

La présence du président de la République à cet anniversaire en a fait un événement d'ampleur nationale qui, je crois, a bien marqué l'implication des Juifs dans la vie du pays.

Je me suis trouvé bien souvent en contact avec François Mitterrand. Il était indiscutablement un ami des Juifs, surtout au début de son premier mandat. On se souvient que son inséparable compagnon, son copain de régiment et d'études avant la guerre, se nommait Georges Dayan. On sait aussi qu'il envoya jadis l'un de ses fils suivre un stage dans un kibboutz. Mais tout cela se situait il y a bien longtemps, avant son accession à la Présidence. Peu à peu, Mitterrand dut faire une place à la realpolitik, et sa position s'est considérablement modifiée. Personnellement, je l'ai perçu comme un personnage fait d'ombres et de lumières, c'est-à-dire fortement ambigu. Certaines de ses attitudes restent énigmatiques, dont la moindre n'est pas la protection dont il a fait bénéficier René Bousquet, ancien chef de la police de Vichy, l'un des pires collabos et des plus abjects chasseurs de Juifs. *A contrario*, il ne faut pas oublier que Mitterrand fut le premier président de la République française à se rendre en Israël. Son discours à la Knesseth a représenté un événement historique, et pourtant il n'a pas énoncé que des paroles agréables à entendre pour ses hôtes : il a notamment évoqué la création d'un État palestinien, idée fortement contestée à l'époque.

À propos de François Mitterrand, je me souviens encore d'une commémoration de la grande rafle de Paris, événement organisé régulièrement au mois de juillet par le Crif, boulevard de Grenelle, à quelques pas de l'emplacement de l'ancien Vel' d'Hiv' où avaient été internés les Juifs arrêtés. Il m'appartenait d'accueillir les personnalités officielles, mais cette fois-ci le Président fut violemment conspué et sifflé... Pas nécessairement par les militants juifs d'ailleurs, plutôt par des gens de gauche qui entendaient ainsi critiquer ce qu'ils considéraient comme les dérives de sa politique. Ma position était pour le moins inconfortable : comment recevoir un invité sous les vociférations d'une foule hostile ? Moment excessivement pénible. À la tribune, Robert Badinter m'a murmuré :

– Laissez-moi faire pour calmer les esprits...

Il se saisit du micro et cria avec sa voix de stentor :

– J'ai honte, j'ai honte pour vous !

La mine défaite, j'ai présenté mes excuses au Président...

– Dans la vie, il faut faire face à toutes les situations, m'a-t-il répliqué.

On le voit, la présidence du Crif menait parfois à des situations délicates. Elle a même failli m'entraîner au cœur d'un abracadabrant roman d'espionnage. Dans le premier rôle : la fille d'un ministre syrien, veuve d'un riche Saoudien. Troublant minois, taille élancée, portant une quarantaine épanouie, elle sévissait dans les hautes sphères, et on la voyait bien souvent dans l'entourage de certains ministres. Les journaux israéliens faisaient d'ailleurs leurs choux gras de ces surprenantes relations, ne cachant rien du parfum de scandale qui s'en dégageait. Fréquenter des ministres constituait un bel exploit pour cette Mata-Hari venue du chaud !

Personnellement, j'ai rencontré la dame sur sa demande : elle tenait apparemment à étendre le champ de ses amitiés puisqu'elle voulait non seulement connaître le président du Crif, mais également quelque officiel israélien. Nous avons déjeuné ensemble, j'étais assis à sa droite tandis qu'à sa gauche se trouvait l'ambassadeur d'Israël. Elle cherchait sans doute à apprendre quelque chose, mais quoi ?

Peu après, elle m'a convié à venir lui rendre visite dans son hôtel particulier parisien. Elle m'a chuchoté dès mon arrivée :

– Ne parlez pas trop fort, il y a des micros partout.

Nous étions dans l'ambiance ! Enfin, elle m'a expliqué la raison de cette invitation :

– Je vous estime, vous êtes quelqu'un de bien, je voudrais que vous veniez avec moi à Damas où je vous présenterai au président Assad.

Je lui ai répliqué que je n'avais nulle envie de connaître le dictateur syrien, mais je lui ai tout de même demandé un délai de réflexion. Le temps de questionner les Israéliens. Que pensaient-ils de ce projet extravagant ? Ils m'ont conseillé de ne pas donner suite, et cela m'a conforté dans mon idée. Cependant, m'ont-ils précisé, si j'acceptais tout de même cette offre, il convenait de formuler quelques exigences dont la plus importante consistait à réclamer la restitution du corps d'Elie Cohen, espion israélien pendu à Damas en 1965. Quand j'ai évoqué ces préalables, la belle a éludé, elle n'acceptait aucune condition à notre voyage. Heureusement. Je me voyais mal me promener bras dessus bras dessous avec elle dans les rues de Damas.

Elle continue à sévir dans une certaine jet-set. Je l'ai revue une fois. J'étais convié à un dîner dans la belle société, chez un comte de mes connaissances qui recevait le Tout-Paris, quelques hommes politiques dont Jean-Louis Debré, Jacques Toubon, ministre de la Justice, et aussi une brochette de grosses fortunes pimentée d'une poignée d'aristocrates. Bref, il s'agissait d'un de ces repas priés où je ne parvenais pas à me sentir à l'aise. Et, tout à coup, je la vis arriver dans une robe moulante du plus saisissant effet... Elle s'approcha de moi, m'embrassa sur les deux joues. Je crois que, grâce à elle, j'ai fait grande impression ce soir-là.

Plus tard, elle a continué à poursuivre de sa charmante assiduité quelques puissants de la République et n'a pas mis un terme à sa carrière de courtisane au profit de la Syrie. Un jour, au cours d'une conversation avec Jacques Chirac, j'ai évoqué les manigances de la redoutable séductrice. Mais je me suis rendu compte que l'Élysée était parfaitement au courant de tous ces agissements mêlant renseignements, influence et sentiments.

Parmi les personnages exceptionnels rencontrés au hasard de mes activités, comment ne pas évoquer également Edgar Bronfman, le roi du whisky, l'une des plus grosses fortunes des États-Unis ? Mais c'est évidemment en sa qualité de président du Congrès juif mondial que j'ai eu l'occasion de l'approcher. Pour lui, j'ai organisé, non sans difficultés, une rencontre avec François Mitterrand. Car Bronfman se prenait un peu pour un chef d'État et se flattait de côtoyer les grands de ce monde… Il est vrai qu'en Roumanie, Hongrie ou Pologne, on déroulait devant lui le tapis rouge. Mais cela ne lui suffisait pas, il avait insisté pour rencontrer le président de la République française. Cet honneur manquait à son palmarès. Finalement, à force de persévérance, je suis parvenu à décrocher à son intention un rendez-vous à l'Élysée. J'ai assisté à l'entretien, les deux hommes communiquaient par l'intermédiaire d'un interprète, l'un ne pratiquant pas l'anglais, l'autre ignorant tout du français.

– Je sais que vous avez acheté une propriété de cognac dans ma région, a lancé le président français.

– Oui, Martel est un très bon cognac, a rétorqué l'Américain.

– C'est vrai, a repris Mitterrand, mais ce n'est pas une raison pour nous déposséder de nos richesses…

L'entrevue commençait mal. Ensuite, ils ont parlé d'une manière moins acerbe, abordant le sujet de la restitution aux Juifs des biens spoliés sous l'Occupation, problème dont le Congrès juif mondial s'occupait activement.

Je me souviendrai toujours du soixante-cinquième anniversaire du même Bronfman, célébré en 1994 avec un faste inouï. L'événement se déroulait dans la plus grande salle de bal du Waldorf Astoria de New York, mille deux cents P-DG des plus importantes entreprises américaines étaient invités, sans compter le Premier ministre israélien Shimon Peres et le président des États-Unis Bill Clinton en personne. Et moi, perdu dans cette foule prestigieuse.

Je me suis ainsi rendu compte de la puissance de Bronfman : Clinton est resté cinq heures à cette soirée et a prononcé un long discours pour déclarer la guerre au terrorisme, et en particulier à l'Iran qui avait, peu de temps auparavant, commandité un attentat contre un centre communautaire juif en Argentine. Ensuite, le président américain a dû, comme nous tous, admirer les vidéos où l'on voyait le petit Edgar âgé de cinq ans faire de la bicyclette, Edgar à l'école, Edgar en vacances, Edgar à l'université... Pour supporter cela, alors que des tâches plus urgentes l'attendaient sans doute à la Maison-Blanche, le président des États-Unis devait réellement entretenir d'excellentes relations avec le président du Congrès juif mondial.

Bronfman qui voyageait exclusivement dans son avion personnel m'a emmené deux ou trois fois avec lui. Partout où il était attendu, à Londres, à Bruxelles, à Paris, à Strasbourg, un de ses employés devait passer avant lui dans les salons d'honneur des aéroports et faire place nette : il fallait retirer des bars toutes les marques de whisky – hormis la sienne, bien entendu. Il n'aurait pas supporté de voir la concurrence ! Vraiment, les Américains sont parfois un peu bizarres. Mais, trêve d'ironie, n'est-il pas admirable qu'un personnage aussi richissime s'occupe de la communauté ? Tant d'autres fortunés ne pensent qu'à acheter des yachts et des propriétés luxueuses... Lui, il sillonne le monde à bord de son appareil privé, préoccupé de l'avenir du judaïsme.

Dans le cadre de mes responsabilités, il m'arrivait d'empiéter sur des domaines qui frisaient la diplomatie. Il me fallait alors agir avec doigté pour dénouer des situations embrouillées. J'eus ainsi à intervenir dans une affaire complexe impliquant la France et Israël. Certaines institutions communautaires m'avaient informé qu'elles avaient mis en branle la machine judiciaire contre L'Oréal, firme de cosmétiques convaincue d'appliquer un boycottage systématique contre l'État d'Israël, se soumettant ainsi au diktat des pays arabes. Or, François Mitterrand avait clairement interdit ces méthodes déloyales dès son arrivée au pouvoir. L'entreprise se plaçait donc dans la plus parfaite illégalité et courait le risque de se voir pénalement sanctionnée. Peu après, un message me parvenait de l'Élysée : on me demandait de tout tenter pour trouver un arrangement à l'amiable et aboutir à une solution extrajudiciaire. En effet, pourquoi ne pas essayer d'éviter le procès et régler le différend de la manière la plus satisfaisante possible ?

Dans un premier temps, on m'a suggéré de nommer un expert reconnu par les deux parties et de le charger de répondre à cette question précise : L'Oréal s'était-il, oui ou non, rendu coupable de boycottage à l'égard d'Israël ? Il y avait principalement deux spécialistes en ce domaine : le professeur Bismuth et le professeur Ruzier. J'ai contacté le premier, il a donné son accord. Son autorité a été acceptée aussi bien par L'Oréal que par les institutions juives et par l'Élysée. Le président Mitterrand lui a même assuré que les services officiels lui ouvriraient les portes sans restrictions afin qu'il puisse mener son étude en pleine lumière.

Le chef de l'État en avait, certes, décidé ainsi, mais les fonctionnaires ne l'entendaient pas de cette oreille et faisaient tout pour freiner les indiscrètes investigations de l'expert. Un jour, exaspéré, le professeur Bismuth m'a contacté pour m'annoncer qu'il se voyait obligé de rendre son tablier... Je me suis rendu aussitôt au ministère de l'Industrie et du Commerce extérieur avec lequel L'Oréal s'était naguère trouvé en relation. Dominique Strauss-Kahn a haussé les épaules :

– Le Président a peut-être donné à l'expert l'accès à tous les documents, mais mes collaborateurs agissent en vertu des règlements généraux qui interdisent d'ouvrir les archives à n'importe qui...

À l'Élysée, j'ai raconté l'incident à Charles Salzmann, l'un des conseillers de François Mitterrand. Il s'est précipité dans le bureau du Président pour en revenir, un quart d'heure plus tard, un peu gêné et le visage empourpré... Mitterrand s'était mis dans une rage folle :

– Quelle bande d'imbéciles ! Ils n'ont pas à faire barrage à mes instructions, s'était-il écrié, hors de lui.

Pourtant, l'affaire a traîné et le professeur Bismuth est décédé avant de rendre ses conclusions. J'ai proposé la nomination de l'autre spécialiste, le professeur Ruzier, mais L'Oréal n'en voulait pas, affirmant qu'il avait fait preuve de positions trop marquées contre la firme et qu'il manquait d'objectivité. J'ai dû convaincre les patrons de l'entreprise, leur démontrer qu'ils se trouvaient devant une occasion unique de régler définitivement le conflit. Ils ont finalement accepté et le professeur Ruzier a rédigé un volumineux rapport, soulignant que L'Oréal s'était effectivement rendu coupable de boycottage à l'égard d'Israël en contradiction avec la législation, pratique qui avait entraîné la fermeture d'une usine Helena Rubinstein en Israël et le licenciement de quelques centaines d'ouvriers.

Le fait délictueux était démontré, restait encore à trouver une solution honorable pour chacun. Au bar de l'Intercontinental, j'ai mis face à face Lindsay Owen-Johns, P-DG de L'Oréal, et Uri Savir, représentant du ministère israélien des Affaires étrangères. En une demi-heure, les deux hommes ont signé un accord par lequel L'Oréal s'engageait à investir en Israël pour compenser les pertes consécutives au boycottage.

Owen-Johns m'a invité à le suivre à Jérusalem avec son équipe pour la suite des négociations. Sur place, il a rencontré le Premier ministre Yitzhak Rabin, et comme ils étaient tous deux passionnés d'aviation, ils ont entretenu une interminable conversation sur les différents types d'appareils et les avantages de chaque modèle... Mais il fallait bien en revenir au sujet qui nous préoccupait. Owen-Johns avait emmené avec lui le professeur Salomon Langer, principal chercheur de Synthélabo, filiale pharmaceutique de L'Oréal, inventeur du célèbre somnifère Stilnox, et également à l'origine d'un nouveau médicament destiné à prévenir l'infarctus du myocarde. Synthélabo avait l'intention de confier l'étude de faisabilité de ce produit à une entreprise suédoise, j'ai suggéré que ce marché soit offert à un institut israélien.

Nous nous sommes rendus à l'université de Tel-Aviv pour y rencontrer l'équipe de cardiologie, laquelle pouvait mener les travaux d'expérimentation de la substance. Pendant deux jours, j'ai dû suivre des explications scientifiques qui ne m'enthousiasmaient pas vraiment, j'ai appris ainsi que cent cinquante points d'étude devaient être concernés par le protocole... Mais ce que je voyais, personnellement, c'est que cette initiative allait donner du travail à cinq cents médecins durant quelques mois, en particulier à de nombreux praticiens de l'ex-URSS restés sans emploi. L'affaire se terminait à la satisfaction de tous, et je crois que les Israéliens m'ont été reconnaissants d'avoir trouvé une issue favorable à cet imbroglio juridico-commercial.

À propos des médecins venus de Russie, si nombreux en Israël qu'ils ne trouvaient pas tous une situation digne de leurs compétences, j'ai tenté aussi de mettre sur pied une organisation : Actions humanitaires sans frontières (AHSF). Le but de cette structure était d'intervenir dans le monde entier en cas de catastrophe naturelle ou d'événement dramatique, et de mettre la science et le savoir-faire des praticiens israéliens originaires de Russie au service des victimes. L'association AHSF a été créée à Paris en mai 1993, en présence du vice-ministre israélien de la Santé, Naouaf Massalah. En Israël même, sous la direction des professeurs Jean Askenazi et Haïm Boikis, nous avons ouvert des cours afin de fournir aux médecins un enseignement complémentaire pour l'exercice de cette pratique particulière, avec une formation spécifique en épidémiologie, médecine d'urgence, chirurgie, et cela a abouti à un diplôme attribué à onze médecins. Ceux-ci ont été mis à la disposition de Médecins sans frontières et Médecins du monde, leur permettant de remplir plusieurs missions à travers la planète. Malheureusement, Actions humanitaires sans frontières n'a pas pris l'ampleur souhaitée. Notamment, le gouvernement de Jérusalem n'a pas jugé bon d'appuyer cette initiative, estimant que les spécialistes de Tsahal, l'armée d'Israël, suffisaient à la tâche. Effectivement, on voyait depuis bien longtemps des équipes israéliennes intervenir sur le terrain, aussi bien à Tchernobyl, après l'explosion de la centrale nucléaire, qu'en Arménie, à la suite du tremblement de terre.

Si la chute de l'Empire soviétique avait conduit en Israël de nombreux médecins, provoquant des difficultés d'emploi, en Russie même d'autres problèmes surgissaient. En tant que président du Congrès juif européen, et avec le soutien du Conseil de l'Europe, j'ai organisé deux colloques à Moscou en 1993 et 1994. Dans cette Russie libérée du communisme, de nombreuses réflexions restaient à mener sur des questions jusque-là prudemment évitées. Le thème de la première rencontre s'articula autour du combat contre le racisme, la xénophobie et l'antisémitisme dans l'ex-URSS. Tenir un tel séminaire tenait du défi. Le destiner à des parlementaires de la Fédération de Russie et à des responsables de médias représentait une gageure.

Jacques Chirac, venu de Paris pour apporter la voix du pays de la Révolution et des Droits de l'homme, s'adressa aux parlementaires russes présents et manifesta de cette manière l'intérêt qu'il portait à leurs délibérations et à leurs travaux :

– Même si l'humanité a beaucoup progressé sur le front de la science et de la connaissance, et encore trop peu sur le front de la tolérance et du respect de la personne humaine, j'observe que les forces de haine, de rejet, d'exclusion subissent heureusement des défaites. Même s'ils sont encore fragiles, je me réjouis des progrès de la démocratie un peu partout dans le monde. C'est précisément notre devoir et notre honneur de démocrates que de croiser le fer, sans trêve, contre cette partie sombre de nos civilisations. Ce combat porte un nom, un beau nom, c'est celui d'« humanisme ». S'il n'est pas gagné, loin s'en faut, il est engagé partout. Il ne s'agit pas de se bercer d'illusions. Il s'agit de se mobiliser et d'agir pour qu'une certaine idée de la justice, une certaine idée de l'homme et de ses droits se traduisent dans les faits.

Quant à Andreï Kosirev, ministre russe des Affaires étrangères, il a prononcé une interminable allocution au cours de laquelle il s'est bien gardé d'évoquer les atteintes aux Droits de l'homme dans son pays, se contentant de pointer les exactions commises contre les Russes dans les pays baltes. Mais il était présent, et cela seul représentait un geste politiquement significatif.

Une centaine de parlementaires participèrent aux débats. Les échanges, fort animés, firent apparaître une totale disparité d'opinions entre les Russes et les experts européens dont les connaissances et l'expérience devaient constituer un irremplaçable apport. Au sujet de la signification du mot « démocratie », par exemple, chacun proposa sa propre définition... sans jamais trouver un terrain d'entente. La table ronde réunissant les patrons des médias locaux, presse écrite, agence Tass et télévision, me laissa également dubitatif. Les journalistes russes éprouvèrent une immense difficulté face à des questions simples, dont les réponses nous paraissaient évidentes. La liberté d'expression doit-elle permettre de diffuser des messages racistes ? Faut-il accepter d'utiliser les moyens d'information pour proposer au public une pédagogie de tolérance ? Je compris que des lustres seraient nécessaires pour abattre le populisme installé en Russie tant chez les journalistes que chez les hommes politiques.

Ces sombres constatations ne m'ont pas empêché d'évoquer à Moscou le nouveau et l'ancien qui se combattaient au cœur de l'Europe dans une révolution de la liberté. L'ancien, c'était cette campagne de presse menée par des opposants pour démontrer que l'État et le gouvernement russes étaient gangrenés par le « sionisme », ou encore cette alliance des staliniens et des fascistes au nom d'une éternelle et sainte nation russe. Le nouveau, c'était la volonté de construire un ordre démocratique qui permettrait à la Fédération de Russie de faire partie, tête haute, de l'Europe des Droits de l'homme, du Conseil de l'Europe, de la Communauté européenne.

J'ai voulu rappeler ensuite à quel point l'histoire de la Russie a toujours été passionnément liée à l'histoire des Juifs. Nous ne pouvons oublier les massacres des Cosaques, les pogroms des tsars souvent inspirés par une Église enseignant le mépris et la haine. Dans cet empire, qui vit le système stalinien succéder au système tsariste pour le plus grand malheur des Juifs, surgirent ces années sombres où l'antisémitisme devint méthode de gouvernement. Comment oublier, parmi tant de tragédies, celle des vingt-six écrivains et poètes juifs soviétiques exécutés en secret au cours de l'été 1952, les procès fabriqués et sanguinaires dans l'ex-URSS et les démocraties populaires ? Mais c'est aussi dans cette Russie que les Juifs opprimés, ceux qu'Elie Wiesel appela « les Juifs du silence », se levèrent parmi les premiers pour miner les fondements d'un des plus grands totalitarismes de tous les temps.

Quel test aujourd'hui pour la jeune démocratie russe que la lutte contre le racisme, la xénophobie, l'antisémitisme et le combat pour les droits des minorités ! Dis-moi ce que tu fais de tes minorités et je te dirai qui tu es. Je te dirai le futur de cette grande, de cette belle Russie, si chère à notre cœur, la Russie de Tolstoï, de Tchekhov, de Tchaïkovski, de cette Russie où vécut et mourut tragiquement l'écrivain juif Isaac Babel.

Mais pour garantir la liberté et le droit, il faut davantage que des lois antiracistes. Il faut des institutions solides qui fondent et protègent cette liberté et ce droit. Sans constitution démocratique, sans Parlement où le nouveau aura vaincu l'ancien, sans séparation entre l'exécutif et le judiciaire, sans un système d'éducation qui enseignera dans les universités et les écoles ce que fut l'Europe de la barbarie, le règne d'un nouveau totalitarisme menace. Suffit-il d'une bonne Constitution s'il manque la pratique, le cœur, l'enthousiasme pour bâtir une société de vie ? S'il manque la solidarité des peuples d'Europe ? La solidarité éthique, la solidarité économique et politique ? La paix, la dignité, la liberté sont notre commune responsabilité.

L'année suivante, un second colloque invitait quelque cent cinquante journalistes et universitaires de Russie et d'Occident à se pencher sur la mission des médias dans le processus démocratique, la promotion des Droits de l'homme et la tolérance. J'ai évoqué à cette occasion le plaisir avec lequel les pouvoirs éprouvaient la fascination de l'image et usaient de la possibilité de dispenser leur vérité, donnée pour *la* vérité, j'ai parlé de la dictature par l'image avec ses mensonges par omission, ses truquages, ses déformations, ses inventions.

Le directeur du journal moscovite *La Loi* apporta de l'eau à mon moulin en proclamant que l'antisémitisme étatique n'était pas mort en Russie. Il en cita quelques exemples : la libération d'un individu coupable de vendre à Saint-Pétersbourg *Mein Kampf*, l'ouvrage de Hitler, la diffusion de cent cinquante journaux fascistes, la publication à Moscou de la revue palestinienne *Al Qods* financée par des fonds russes. Il aurait pu citer aussi un article publié par la *Pravda* peu de temps auparavant : le journal annonçait que trois prêtres orthodoxes avaient été assassinés par des Juifs à la veille de la fête de pâque, reprenant ainsi la vieille légende antisémite selon laquelle la loi juive demande à ses fidèles de boire une fois l'an du sang chrétien... Aucun média russe n'avait osé critiquer cette dérive d'un confrère. En vérité, nous savions tous que les assassins, coupables de ce crime crapuleux, étaient d'anciens membres de l'Armée rouge, vétérans d'Afghanistan.

En dépit des incompréhensions, des malentendus et des déceptions, ces colloques tenus à Moscou ont permis, me semble-t-il, d'ouvrir une petite fenêtre vers la démocratie. Au cœur d'un pays englué dans les difficultés, des initiatives de cette nature peuvent servir de garde-fou. Car le danger est bien réel. Certains partis à l'Est trouvent leurs électeurs en claironnant les thèmes récurrents de l'antisémitisme, et lors d'un de mes voyages à Saint-Pétersbourg, un responsable politique m'a avoué que la défense d'un programme antisémite permettait de gagner des voix.

Cela dit, ce n'est pas toujours aux marches du continent qu'il faut chercher des traces d'intolérance et les relents d'un antisémitisme que l'on voudrait voir sombrer dans les oubliettes de l'Histoire. En mars 1994, alors que la France s'apprêtait à célébrer le centième anniversaire du début de l'affaire Dreyfus, un article publié dans l'hebdomadaire *Sirpa Actualité*, organe du service d'information et de relations publiques des armées, osait mettre en doute l'innocence du capitaine juif accusé d'espionnage : « Aujourd'hui, écrivait l'auteur, l'innocence de Dreyfus est la thèse généralement admise par les historiens. Autour de l'affaire politique se greffe une affaire d'intoxication dirigée contre les services allemands et dont personne n'est encore en mesure de dire si Dreyfus en a été la victime consciente ou inconsciente. »

Ces lignes m'ont fait bondir ! J'étais prêt à faire un scandale. J'ai aussitôt appelé François Léotard, ministre de la Défense, qui, comprenant et partageant mon émotion, s'est immédiatement procuré le journal en question, m'a demandé de passer le voir et sur-le-champ a pris la bonne décision :

– Demain matin, l'individu qui a écrit cet article sera mis à la porte.

En effet, le colonel aux velléités antidreyfusardes a été prié de quitter dans l'heure son bureau et son appartement de fonction du château de Vincennes.

Le centenaire de l'arrestation du capitaine Dreyfus représentait à mes yeux l'un de ces événements phares que l'on devait célébrer avec grandeur. Or, dans un coin discret du jardin des Tuileries, se trouvait une statue sculptée par le dessinateur Tim, un hommage au capitaine Dreyfus, forme coiffée du képi de rigueur et présentant les armes avec le sabre brisé à la suite de l'injuste dégradation. L'emplacement de cette œuvre avait été la source d'interminables débats durant des années : certains voulaient la voir s'élever dans la cour de l'École militaire, d'autres proposaient des lieux mieux situés et plus animés... Finalement, elle avait atterri dans un renfoncement obscur de cette promenade parisienne, à l'insatisfaction de tous.

Un jour, alors que je déjeunais en compagnie de Jacques Chirac à la mairie de Paris, je lui ai rappelé l'existence de cette sculpture :

– À propos de Dreyfus, il y a un monument aux Tuileries que personne ne peut voir...

J'ai tellement insisté qu'il m'a demandé finalement ce que je voulais qu'il fasse de cette statue... J'ai répondu que je souhaitais la voir installée sur un lieu de passage plus fréquenté qu'un chemin ombragé. Il a fait venir la personne en charge des affaires culturelles....

– Il y a bien une place qui serait libre, le square Pierre-Lafue sur le boulevard Raspail, dans le 6e arrondissement.

Va pour le square Pierre-Lafue ! La statue y a été inaugurée le 6 octobre 1994, et je garde de cette cérémonie un souvenir terrible. Je devais prendre la parole après Jacques Chirac, j'avais donc réservé un vol de Strasbourg à Paris et patientais tranquillement dans le salon d'honneur de l'aéroport, certain que l'on viendrait me chercher à temps pour l'embarquement. Et l'on m'a oublié ! Il ne me restait qu'à prendre l'avion suivant. À Paris, une voiture m'attendait, j'ai sauté à l'intérieur et elle a foncé vers le lieu de la cérémonie. Heureusement, j'avais envoyé *in extremis* un fax à Jacqueline Keller, la directrice du Crif, la priant de prononcer mon discours à ma place. Quand je suis arrivé square Pierre-Lafue, elle était déjà en pleine lecture... En me voyant, elle s'est interrompue et m'a soufflé :

– À vous de continuer !

J'ai évoqué ce quartier de Paris où se dressait désormais la silhouette de bronze du capitaine Dreyfus. À quelques mètres de là, dans la prison du Cherche-Midi, aujourd'hui détruite, l'officier accusé connut les premières heures d'une captivité dont il ne soupçonnait pas qu'elles n'étaient que le tout début d'un long martyre. Dans cette prison, il connut les premières sympathies en la personne du directeur qui voulut croire en lui et les premières épreuves du silence, de la solitude, de la mise au ban de la société, l'épreuve enfin d'un innocent injustement accusé qui, au sens hélas le plus littéral, se frappait vainement la tête contre les murs de sa cellule, prisonnier de la haine, des préjugés, de l'aveuglement de ceux qui, comme Maurice Barrès, déduisaient sa culpabilité de sa « race ». Il n'est pas indifférent – même si c'est un hasard, mais combien symbolique – qu'à la place de cette prison se dresse aujourd'hui la Maison des sciences de l'homme, lieu de l'étude et de la connaissance de l'homme, cet homme universel dont les droits élémentaires et la dignité furent si cruellement bafoués en la personne d'Alfred Dreyfus. Il n'est pas indifférent non plus que ces murs détruits aient été les témoins de l'angoisse et du martyre des résistants, ces Justes persécutés que l'on y enferma jadis. Comme il n'est pas indifférent enfin – même si c'est là encore un hasard – que non loin se trouve l'hôtel Lutétia où revenaient les fantômes survivants par miracle des camps de la mort. Ces rescapés, et les morts bien plus nombreux qu'ils avaient laissés derrière eux, illustraient la conséquence ultime de la logique qui avait conduit Dreyfus de son foyer paisible à la cellule du Cherche-Midi puis à la cabane de l'île du Diable en Guyane. Comment ne pas citer ici le nom de l'admirable résistante Madeleine Lévy, petite-fille du capitaine, et qui n'eut pas la chance de revenir ?

À la suite de cette inauguration, un colloque réunit des historiens prestigieux venus se pencher sur les causes, les développements et les séquelles de l'Affaire. Mais le véritable événement de la journée fut l'intervention de Mgr Gérard Defois, archevêque de Sens. Retraçant l'atmosphère de l'époque qui vit la condamnation de Dreyfus, il martela ces mots :

– Nombre d'ecclésiastiques tenaient alors un langage de violence et de haine, inadmissible de la part d'hommes qui chaque jour récitaient les psaumes et lisaient la Bible. Quant au pape et aux évêques, ils s'en tenaient à un prudent silence. Que je le veuille ou non, cela fait partie de mon héritage, je dois l'assumer et vous en exprimer mes plus vifs regrets, publiquement et fraternellement. J'ose espérer votre pardon.

La salle, debout, acclama ces fortes paroles. Un siècle auparavant, c'est vrai, l'Église de France s'était montrée résolument antidreyfusarde. Cette repentance publique a profondément ému le public car elle marquait clairement une rupture avec la Chrétienté du XIXe siècle et contribuait à renforcer une ère nouvelle.

Plus tard, installé comme évêque à Lille, Mgr Defois m'a envoyé une invitation, et j'y suis allé. On m'a demandé de prendre la parole ; j'ai saisi l'occasion qui m'était offerte de rappeler, devant cent cinquante évêques, la poignante déclaration du prélat au sujet du capitaine Dreyfus :

– Monseigneur, je veux vous dire pourquoi je me trouve ici. Je suis venu vous rendre hommage pour avoir demandé pardon au peuple juif pour l'injustice commise contre Alfred Dreyfus. Vous avez eu la grandeur d'âme de parler dans le sens de la repentance de l'Église à propos de la Shoah.

À la suite de ma brève allocution, Mgr Defois m'a adressé une lettre déchirante dans laquelle il exprimait combien il avait été touché par mes paroles et me révélait que de nombreux évêques avaient pleuré d'émotion ce jour-là en m'entendant évoquer le pardon offert et reçu.

La conclusion de cette série d'événements à la mémoire du capitaine Dreyfus devait être donnée un an plus tard par le général Jean-Louis Mourrut, chef du Service historique de l'armée de terre. Avec le Consistoire central israélite, j'avais organisé à l'Hôtel de Ville de Paris la projection en avant-première du film d'Yves Boisset consacré à l'Affaire. Une table ronde suivit la séance, et c'est au cours des interventions que le général, en grand uniforme, déclara :

– L'Affaire était une conspiration militaire qui amena la déportation d'un innocent et qui était fondée en partie sur un faux document.

Paroles historiques : pour la première fois, un représentant de l'armée reconnaissait officiellement l'innocence du capitaine juif et la machination qui avait conduit à sa condamnation. Nous attendions ce geste depuis le 12 juillet 1906, date de l'arrêt de la Cour de cassation réhabilitant Dreyfus. Il aura fallu patienter près d'un siècle pour entendre cela. Du reste, les journaux du monde entier ont parfaitement mesuré l'importance de ces propos et se sont largement fait l'écho du *mea culpa* de l'armée française.

Quant à moi, j'ai définitivement compris ce jour-là que les commémorations ne servent pas seulement à des rencontres formelles et des discours consensuels, elles peuvent parfois bousculer l'Histoire et faire évoluer les esprits.

7

BARRAGE À L'EXTRÉMISME

Mes combats contre le racisme et la xénophobie devaient immanquablement me conduire à une confrontation avec le Front national. À l'occasion d'élections régionales, des ententes de circonstance et des compromissions tacticiennes risquaient d'infecter la droite parlementaire de la doctrine néfaste du parti de Jean-Marie Le Pen. Pour des politiciens comme Jacques Blanc, Charles Millon ou Jean-Pierre Soisson, les bulletins des électeurs n'avaient pas d'odeur : dans l'espoir d'obtenir quelques voix de plus, ils se montraient déterminés à s'aboucher avec la pire des idéologies. Cette mentalité me semblait représenter un grave danger pour la démocratie.

J'ai alors eu l'idée de créer un mouvement de défense contre le FN constitué de maires venus de la droite ou de la gauche, mais tous déterminés à faire barrage à l'extrémisme. Quatre édiles se sont immédiatement engagés dans cette action : Catherine Trautmann de Strasbourg, Georges Frêche de Montpellier, Michel Noir de Lyon et André Rossinot de Nancy. Afin de protester ouvertement contre toute alliance avec le Front national, nous avons fait une déclaration au Sénat qui nous a permis de rallier d'autres maires encore. Enfin, en septembre 1991, dans le but de mobiliser l'opinion publique contre un vote favorable à l'extrême droite, nous avons réuni près de Grenoble une centaine de personnes, élus et militants. Grâce à l'aide du maire Alain Carignon, ces assises ont pu se tenir au château de Vizille, haut lieu symbolique de la Révolution puisque ce fut entre ces murs qu'en 1788 les députés protestèrent pour la première fois contre le despotisme. À Vizille, nous avons rédigé un manifeste, approuvé plus tard par cent cinquante maires. Dans ce texte, les signataires s'engageaient à refuser tout accord électoral avec le Front national, à lutter contre la discrimination et l'exclusion, à défendre partout les Droits de l'homme.

Déclarations et proclamations n'empêchaient guère Le Pen de continuer à prononcer des discours insensés sur l'immigration. En particulier, l'année suivante, au cours d'un meeting à La Trinité-sur-Mer, il réitéra avec une rare violence verbale ses antiennes contre la menace étrangère. Au même moment, en Allemagne, des foyers d'ouvriers immigrés étaient régulièrement la proie d'incendies allumés par des bandes de néofascistes décidés à répandre la terreur. Dans ce climat exécrable, le cimetière juif d'Herrlisheim, en Alsace, fut profané et près de deux cents tombes renversées ou saccagées. Je me suis aussitôt rendu sur place pour une cérémonie de protestation et de recueillement et, devant les pierres brisées par la rage venimeuse de quelques-uns, j'ai mis en parallèle les différents signes qui, de France en Allemagne, semblaient témoigner d'une alarmante montée européenne de l'intolérance. J'ai déclaré à un journaliste du *Monde* :

– Les auteurs de cet acte ne sont pas identifiés, mais chaque fois qu'il y a des attentats contre des tombes, on ne peut pas rester prudents ou silencieux. De tels actes se répètent trop souvent. On ne peut pas ne pas faire le rapprochement entre cette profanation en Alsace et les événements racistes de Rostok en Allemagne. Les déclarations de M. Le Pen à La Trinité-sur-Mer sont également une incitation à la haine raciale.

Le Pen n'a pas supporté ces propos et m'a poursuivi en justice. Il affirmait que j'avais, en quelque sorte, sous-entendu qu'il se trouvait personnellement responsable de la profanation du cimetière alsacien. Je n'avais jamais rien exprimé de semblable, bien entendu, j'avais simplement tenu à souligner que tous ces événements ressortissaient à la même idéologie. Les juges ne s'y sont pas trompés et j'ai gagné le procès. Le Pen a fait appel, puis il est allé en cassation, j'ai gagné encore. Un arrêt tout à fait remarquable a été rendu, relevant que j'avais voulu « dénoncer avec sincérité la recrudescence de la haine raciale et antisémite et mettre en garde l'opinion publique contre ceux qui inspirent des comportements odieux et en rappelant que dans le domaine de la polémique politique ou dans celui des opinions ou doctrines touchant aux problèmes fondamentaux de la société, le fait justificatif de la bonne foi n'était pas nécessairement subordonné à la prudence dans l'expression de la pensée; qu'en effet la réaction aux propos d'un homme politique doit pouvoir être faite en des termes vifs et critiques, tant par les journalistes que par les citoyens, car l'homme politique s'expose inévitablement et consciemment à un contrôle de ses faits et gestes ».

Ces motifs reconnaissaient le droit à l'expression, de quoi rendre fou de rage le président du Front national. Peu après, au cours d'une intervention télévisée, il n'a pas hésité à me citer comme l'un de ses diffamateurs. Par personne interposée, il m'a même proposé de débattre publiquement avec lui, mais j'ai refusé de le rencontrer : il se montre constamment d'une telle mauvaise foi que toute controverse se révèle inutile. De plus, je reste persuadé qu'il faut limiter au maximum ses passages à la télévision. Je garde en mémoire cette réflexion du journaliste Paul Amar qui avait lui-même opposé sur un plateau Jean-Marie Le Pen à Bernard Tapie :

– Nous avons tous constaté que chaque fois que Le Pen vient devant les caméras, même pour des raisons négatives et des accusations, sa seule apparition le fait progresser dans les sondages...

Mon combat contre l'extrême droite ne pouvait évidemment pas se limiter à la France. Déjà, au cours des années quatre-vingt, je m'étais élevé contre le Parti républicain allemand tenu par Franz Schönhüber, ancien Waffen SS, et j'étais parvenu à empêcher un meeting prévu à Nice en sa présence. Puis, avec la chute du mur de Berlin, la réunification allemande s'accompagnait de profanations de cimetières juifs et de manifestations racistes... Comment alors ne pas rappeler le passé de ce pays, l'évoquer sans relâche pour empêcher le retour d'une idéologie meurtrière ?

Lorsque le président allemand Roman Herzog est venu en France, il m'a rendu visite et nous avons passé un après-midi entier d'échanges extrêmement fructueux pour essayer de mettre à plat les relations entre la communauté juive et l'Allemagne. Je me souviens que, lui faisant visiter la grande synagogue de la Victoire, il est passé devant la plaque commémorative apposée à l'entrée à la mémoire des victimes de « la barbarie allemande ». Il m'a glissé qu'il aurait préféré que l'on évoque « la barbarie nazie » plutôt qu'allemande... Mais enfin, lui ai-je rétorqué, ce sont tout de même des Allemands qui ont mis en place le génocide.

De la même manière, quand il a été question pour moi de recevoir des mains d'Immo Strabreit, ambassadeur d'Allemagne à Paris, un ruban à peu près équivalent à celui de grand officier du Mérite, j'ai longtemps hésité avant d'accepter. Me voir décoré par l'Allemagne représentait pour moi une épreuve difficile, mais n'était-ce pas l'Allemagne démocratique qui me distinguait ? Et, en Européen convaincu, n'avais-je pas toujours œuvré pour le rapprochement franco-allemand, persuadé que l'Europe ne pourrait pas se réaliser sans une totale coordination entre nos deux pays ?

J'ai pourtant fait remarquer à Son Excellence qu'une telle distinction ne pouvait constituer un honneur parmi d'autres. Il s'agissait pour moi d'une démarche réfléchie, le symbole d'une relation dénuée d'ambiguïté entre partenaires conscients de leurs responsabilités. J'ai rappelé que, pendant des siècles, les Juifs avaient trouvé refuge en Allemagne, j'ai dit qu'aux XIXe et XXe siècles, jusqu'en 1933, la langue et la culture germaniques devinrent en Europe centrale la patrie d'une intelligentsia juive dont la gloire fut universelle.

Mais qu'a-t-on eu à reprocher à Martin Buber, philosophe du dialogue, et à Theodor Herzl, qui imagina un instant que l'allemand pourrait être la langue officielle de l'État des Juifs ?

Qu'a-t-on eu à reprocher à la poétesse Else Lasker-Schuller et à Franz Kafka, prophète en son siècle ?

Qu'a-t-on eu à reprocher à Henrich Heine, le plus grand des poètes allemands, et à la poétesse Nelly Sachs ?

Et Stefan Zweig et son ami Sigmund Freud, navigateurs des profondeurs de l'homme, qu'a-t-on eu à leur reprocher ?

C'est pourtant dans cette Allemagne si fascinante que s'est forgé au haut Moyen Âge le yiddish, une des langues juives, mais aussi une langue allemande, et qui fut la langue de si nombreux enfants juifs que les SS chassèrent vers les chambres à gaz.

C'est un humanisme de paix et de respect de la vie que le peuple juif a enseigné à l'Allemagne et à l'Europe. Pourquoi en fut-il remercié par tant de barbarie et tant de silences ?

Voilà des questions auxquelles, dans notre dialogue, nous tentons désespérément de répondre les uns et les autres. Peut-être y arriverons-nous un jour. Peut-être jamais. Mais il est nécessaire que ce dialogue se poursuive. Quelquefois, à force de poser des questions, une réponse vient et le jour se lève. Ce qui nous importe est notre volonté commune de parier sur l'homme et que plus jamais, en Europe ou ailleurs, un peuple, des individus voient s'élever les miradors d'un autre Auschwitz.

Bien avant cela, lors de la commémoration du cinquantième anniversaire de la destruction de la synagogue de Strasbourg, le 15 septembre 1990, j'ai cru devoir lancer cet appel :

– Dans moins d'un mois auront lieu les célébrations de l'unification de l'Allemagne, avec le refus des gouvernants d'inclure de manière suffisamment spécifique dans le préambule du traité le légitime rappel historique de la culpabilité et de la responsabilité collective de cette Allemagne unifiée face à toutes les victimes... N'oublions pas que le début de la montée de la barbarie passe trop souvent par l'accoutumance à la barbarie.

Un an plus tard, le 9 novembre 1991, présent à Berlin en tant que président du Congrès juif européen, j'ai exprimé combien pour un Juif, pour un Français, pour un Européen venir dans cette ville ne pouvait représenter une expérience neutre. Être à Berlin, c'est se trouver en un lieu crucial, à un carrefour de notre passé et de notre devenir. Être à Berlin un 9 novembre plus particulièrement, c'est honorer un rendez-vous avec l'Histoire, c'est se heurter de front à deux symboles majeurs : le 9 novembre 1938 et le 9 novembre 1989, la Nuit de Cristal et la chute du mur de Berlin. 1989 n'est pas venu fermer la page de 1938. Au contraire, ces deux dates demeurent et doivent demeurer inséparables dans la mémoire de tous. Car le 9 novembre 1938 a marqué l'entrée de l'Allemagne, de l'Europe et de l'humanité dans une longue nuit dont les blessures ne se refermeront jamais. Et le 9 novembre 1989 a ouvert les voies d'une liberté dont le 9 novembre 1938 doit nous rappeler inlassablement qu'elle ne vaut que dans la fraternité et la responsabilité. Ce devoir de responsabilité pèse sur chacun d'entre nous, individus et nations. Il pèse encore davantage sur une Allemagne unifiée héritière au premier chef du souvenir des victimes du nazisme.

Peu après, au cours d'une rencontre avec Lutz Stavenhagen, ministre allemand des Affaires européennes, j'ai pu encore manifester mes inquiétudes. La réunification représentait, bien entendu, un fait d'une immense importance, mais en tant que Juif français, il m'apparaissait essentiel de conserver à l'esprit les raisons qui avaient conduit à la division de l'Allemagne. De même, il me semblait souhaitable de voir ce pays se souvenir qu'il devait sa liberté et sa prospérité à la victoire des nations qui l'avaient libéré de ses crimes et de ses criminels. Ainsi, j'ai encore une fois demandé aux autorités allemandes que figurent, dans le préambule du traité d'unification, les précisions historiques concernant l'Allemagne hitlérienne. L'histoire du nazisme se confond avec l'histoire de la tragédie du peuple juif, il se révélait donc nécessaire d'évoquer de façon spécifique, dans un texte scellant l'avenir de l'Allemagne, les crimes commis par le régime nazi. Je me situais sur un plan éthique, celui de la connaissance et du respect de la vérité historique. L'unification allemande ne devait pas s'accomplir au prix d'une amnésie.

Mes propositions ont rencontré un certain écho, même si elles n'ont pas été suivies de tous les effets que j'en espérais. Hélas, des manifestations racistes continuaient à se dérouler en plusieurs points du pays. Ces violences, dirigées essentiellement contre les travailleurs immigrés, m'apparaissaient insupportables, surtout dans le pays qui avait inventé le génocide industriel. Les apprentis nazis au crâne rasé poursuivant dans les rues des villes allemandes des faciès trop basanés à leur goût évoquaient d'autres images effroyables... Fallait-il se contenter de déplorer chaque foyer incendié, chaque étranger brutalisé ?

Le 3 mai 1994, je me suis rendu à Bonn pour rencontrer le chancelier Helmut Kohl. Comme je parle allemand, nous avons pu nous entretenir directement, sans l'aide d'un interprète :

– Monsieur le Chancelier, lui ai-je dit, je viens vous voir parce que je suis très soucieux de ce qui se passe actuellement en Allemagne. Vous allez prendre dans deux mois la présidence de l'Union européenne, moi qui suis juif français, je vous demande de prendre une initiative afin de lutter contre le racisme et la xénophobie dans une stratégie d'ensemble au niveau du continent.

Il a écouté ma suggestion avec intérêt et m'a demandé d'en parler avec François Mitterrand. Dès mon retour, j'ai donc demandé audience au président français et je lui ai expliqué le sens de ma démarche.

– Très bonne initiative, a-t-il conclu.

Une rencontre franco-allemande devait se tenir à Mulhouse en préambule de la réunion européenne, et c'est là que les deux chefs d'État ont mis sur pied le projet d'une « Commission consultative européenne contre le racisme et la xénophobie », programme soumis au sommet de Corfou, en Grèce, fin juin 1994. La résolution a été adoptée; et pour permettre à tous de s'exprimer, la Commission serait composée de quinze membres, un par pays de l'Union. Quelques semaines plus tard, je recevais un appel téléphonique du ministre allemand des Affaires étrangères, Klaus Kinkel : sur décision de l'unanimité des ministres des Affaires étrangères de l'Union européenne, j'étais désigné comme président de la nouvelle structure antiraciste.

Durant les trois années d'existence de cette Commission, nous avons accompli à Bruxelles un travail important, soumettant de nombreuses propositions au Conseil européen dans des domaines aussi différents que l'enseignement, l'information, la justice, la police. Nous avons rédigé ensuite un rapport global, adressé à tous les États membres. Beaucoup de nos suggestions ont été suivies d'effets bénéfiques, notamment en ce qui concerne des phénomènes comme la sélection à l'embauche et les violences policières. Nous avons été aussi les premiers à évoquer le racisme et la propagande hitlérienne sur Internet.

Pour soutenir nos propositions, j'ai été amené à plusieurs reprises à prendre la parole devant le Conseil européen, ce qui n'était pas une mince affaire quand il y avait, assis devant moi, quinze chefs d'État ou de gouvernement.

Il nous fallait également rester vigilants, réagir à tous les excès et débordements susceptibles de réveiller des sentiments exécrables. Je me souviens de *skinheads* allemands qui tenaient à célébrer bruyamment le centième anniversaire de la naissance de Rudolf Hess, le bras droit d'Adolf Hitler. Ils avaient formé le projet de parader en Allemagne, mais les autorités leur ont refusé l'autorisation en s'appuyant sur une législation interdisant l'apologie des crimes contre l'humanité. Alors ils se sont rendus au Danemark où, au nom d'une liberté totale, on les a laissés tranquillement manifester leur ferveur pour le IIIe Reich. Des Danois antinazis ont vainement tenté de perturber le cortège, mais la police s'en est prise aux protestataires, les a cravatés, menottés, entravés, et les nazillons, éructant leur haine et crachant sur leurs adversaires réduits à l'impuissance, ont pu défiler victorieusement... Ces images m'ont profondément choqué. J'ai critiqué publiquement le laxisme danois, mais le représentant de Copenhague au sein de notre Commission, un ancien Premier ministre, m'a rétorqué que la loi de son pays préservait une totale liberté d'expression, liberté qui pouvait effectivement parfois mener à ce genre d'aberrations. Et à quelques autres : en vertu de ce droit absolu à l'expression, des radios danoises arrosaient l'Allemagne de slogans nazis. Là aussi, nous avons protesté énergiquement. La liberté ne doit pas permettre toutes les outrances ni protéger les ennemis de la démocratie. La liberté contient en elle-même des principes de responsabilités qui ne sont pas négociables.

Mais déjà se profilait un autre combat. L'année 1995 allait marquer le cinquantième anniversaire de la libération du camp d'Auschwitz. Dans cette perspective, les Églises allemande et polonaise ont réuni un colloque de laïcs pour mettre au point une déclaration commune. Ils ont élaboré un texte remarquable confessant que les routes qui menaient à Auschwitz étaient pavées de l'antisémitisme chrétien, reconnaissant une responsabilité dans la persécution des Juifs depuis vingt siècles jusqu'à la Shoah et exprimant à ce sujet leur repentance. Mais si l'Église allemande a repris le projet dans sa quasi-totalité, l'Église polonaise, en revanche, a tenu à y apporter d'innombrables modifications, banalisant l'antisémitisme pour en faire l'un des nombreux avatars d'un racisme qui aurait frappé de la même manière « des milliers de Polonais, de Russes, de Tziganes, de Juifs et membres d'autres nationalités ». Elle a lancé un appel solennel à lutter contre toute forme de mépris de la dignité humaine, de racisme, de xénophobie, d'antisémitisme et... d'antipolonisme ! Les auteurs du texte n'hésitaient pas à placer sur le même plan l'antisémitisme et l'antipolonisme. Faut-il rappeler encore une fois qu'Auschwitz fut avant tout le lieu d'extermination des populations juives et que 90 pour cent des victimes furent juives ? Nous ne permettrons à personne de falsifier l'Histoire.

Les cérémonies du cinquantenaire de la libération d'Auschwitz commençaient mal. La suite fut encore plus dramatique et désespérante. Le 27 janvier 1995 devaient se dérouler sur le site de Birkenau les solennités officielles en présence des autorités polonaises... Mais la veille, à Cracovie, devant un parterre composé de délégations étrangères et de sept prix Nobel de la paix, Lech Walesa a prononcé une allocution pour dénoncer la barbarie et le totalitarisme, relevant que les nazis avaient voulu délibérément détruire la force intellectuelle et spirituelle de la nation polonaise... Des Juifs, il ne souffla pas une parole. Elie Wiesel vint me prévenir :

– J'ai rencontré Walesa, et je lui ai dit qu'il ne pouvait pas faire un discours en oubliant le mot « juif », et, qu'il le veuille ou non, je réciterai le kaddish, la prière des morts.

Pour ma part, je n'avais nulle envie d'être suspendu aux paroles de Walesa pour savoir s'il consentirait finalement à évoquer la Shoah, et je ne voulais aucunement attendre son bon vouloir pour élever une prière dans ce vaste cimetière sans tombes. Avec le Congrès juif européen, j'ai organisé le 26 janvier, veille des manifestations officielles, une cérémonie juive à laquelle se sont joints un millier de survivants, mais aussi le grand rabbin de Pologne, Menach Joskowitch, le président du Parlement israélien, Sheva Weiss, Elie Wiesel et deux chefs d'État, l'Allemand Roman Herzog et le Bulgare Jelio Jelev que j'avais invité au cours d'un voyage à Sofia peu de temps auparavant. Nous n'aurions pas été obligés d'organiser cette manifestation parallèle si la Pologne n'avait pas ambitionné de faire de cet anniversaire un événement purement nationaliste.

Personnellement, je me suis refusé à assister à la cérémonie officielle du lendemain. Qu'avais-je à y faire dans la mesure où l'on voulait ouvertement éradiquer le martyrologe juif ? Je n'ai donc pas vu Lech Walesa présider la cérémonie entre Simone Veil, ministre français des Affaires sociales, et Elie Wiesel, représentant du président des États-Unis, tous deux anciens déportés. Je n'ai pas entendu le chef d'État polonais reconnaître du bout des lèvres la dimension juive du génocide :

– La route que nous venons de parcourir, cette route qui va de la porte surmontée de la fameuse inscription : *Arbeit macht frei* (« Le travail rend libre »), jusqu'au bloc de la mort, a été un chemin symbolique, le chemin du martyre de beaucoup de nations, mais particulièrement du peuple juif. Nous l'avons parcouru dans l'esprit de l'unité et de la responsabilité. Que ce lieu soit une alerte pour les vivants.

Au mois de juin suivant, le directeur du centre culturel français de Cracovie organisa un colloque sur le thème « Mémoire juive et mémoire polonaise », réunissant des Français comme Simone Veil, l'écrivain Élisabeth de Fontenay, le philosophe Alain Finkielkraut et des Polonais parmi lesquels le ministre des Affaires étrangères, Wladyslaw Bartoszewski, un ancien ministre de la Culture, Marek Rostworowski, le dernier survivant des chefs de l'insurrection du ghetto de Varsovie, Marek Edelman.

Alors que tous les participants s'en tenaient à des déclarations de principe, consensuelles et apaisantes, j'ai profité de l'occasion qui m'était offerte pour exprimer le fond de ma pensée. J'ai d'abord rappelé l'histoire des Juifs de Pologne, j'ai évoqué cette terre d'accueil et de survie pour les Juifs fuyant les croisés et les inquisiteurs d'Espagne. Mais d'un statut de convivialité, la communauté juive de Pologne dut passer à un statut de locataire tolérée, puis d'intruse destinée à être chassée un jour sans bagage. Pourquoi cette décadence ? Parce que la Pologne devint l'otage de l'Église qui prêchait que les Juifs avaient sacrifié le Christ et qu'ils étaient maudits, parce que très tôt Église et peuple brandirent haut le drapeau du nationalisme. La mémoire juive plus récente, celle de l'après-guerre de 1914, c'est l'antisémitisme de gouvernements plus réactionnaires les uns que les autres et la lente préparation de l'Europe à la capitulation devant Hitler. Journaux catholiques, prêtres, partis nationalistes proposaient aux masses paysannes la figure du Juif exploiteur et du Juif déicide. Trois millions de Juifs, c'était trop. Ils étaient partout, ils nous étouffaient. Il fallait les transférer ailleurs. Aux commerçants, on enseignait que le Juif c'était le concurrent ; à l'intelligentsia, on démontrait que tous les avocats, tous les médecins, tous les philosophes étaient juifs et venaient manger leur pain. Dès les années trente commença au niveau gouvernemental une politique véritablement antijuive. En 1937, un projet de loi visa à interdire l'abattage rituel, mais l'on ne se contenta pas de proposer la limite de cette pratique : on essaya, par tous les moyens, de réglementer, de façon très stricte, la vie des Juifs en Pologne. Cette loi sur l'abattage rituel ne fut que le prélude à une campagne antisémite planifiée et systématique allant du boycottage des boutiques juives à une campagne de presse sur le thème de l'émigration forcée des Juifs, campagne présentée comme une sorte de panacée contre tous les maux de la Pologne.

Qu'est-ce encore que la mémoire juive ? C'est le cimetière du judaïsme européen, des six millions de victimes de la Shoah dont trois millions étaient des Juifs de Pologne. Et nous porterons à jamais le deuil de ce monde assassiné. Nous, Juifs, ne pourrons jamais laisser se cicatriser la blessure de la disparition de ce judaïsme. Mais les Polonais eux-mêmes peuvent-ils persister à faire l'économie de penser le génocide juif ? Qu'est-ce que la Pologne avec une mémoire qui scotomise les Juifs de Pologne ?

C'est une Pologne incomplète, c'est une Pologne qui occulte une part d'elle-même, c'est une Pologne qui se bâtit sur une mémoire fausse, sur une mémoire vaine, sur une mémoire mythique qui fait l'économie de l'analyse d'un manque, d'une disparition, celle des Juifs de Pologne, de ce qu'ils étaient, de cette altérité qui était aussi une part de l'identité polonaise. Une conscience claire, c'est une des conditions de la renaissance de la Pologne comme nation, mais aussi comme démocratie. Une conscience claire, cela veut dire aussi un examen de conscience, un retour sur les ambiguïtés des attitudes polonaises avant et pendant la Seconde Guerre mondiale, c'est aussi une révision des composants de l'image que les Polonais se font d'eux-mêmes, intégrant la dimension juive du passé polonais. C'est dans ce processus, éventuellement douloureux, que mémoire juive et mémoire polonaise peuvent se croiser, se rencontrer, s'enrichir mutuellement.

J'ai ensuite rappelé l'affaire du carmel d'Auschwitz, les déclarations antisémites du cardinal Glemp, les bévues des cérémonies du cinquantenaire... Et pendant que je parlais, la salle se vidait lentement. À la réception qui suivit les discours, je fus tenu en quarantaine par les autres participants... Et je songeais à cette pensée d'Ernest Renan : « Il ne convient pas de sacrifier la critique à l'amitié. » Même Simone Veil, que je respecte infiniment, donna raison à ses collègues polonais ; elle eut sans doute apprécié de ma part des propos plus tempérés. Cette hostilité générale renforçait mes convictions : j'avais donc prononcé des vérités bien difficiles à entendre... Qu'importe ! Depuis longtemps, ma vie se trouvait placée sous le signe d'un combat sans concession en tous lieux et en toutes occasions. Depuis longtemps, je m'étais fixé pour objectif de rappeler les évidences douloureuses, de dénoncer les injustices et de défendre les Droits de l'homme bafoués.

Le combat pour la mémoire revenait inlassablement dans mon existence. Serge Klarsfeld, dont on connaît l'inépuisable activité pour la vérité historique et la poursuite des criminels nazis, avait découvert dans les archives du ministère des Anciens Combattants un fichier juif datant de l'Occupation. Le gouvernement d'Édouard Balladur m'avait nommé membre de la commission d'enquête formée d'historiens éminents et d'une représentante des Archives nationales, tous placés sous la direction du professeur René Rémond. Nos travaux devaient déterminer les origines et la finalité de ces documents, aussi nous sommes-nous rencontrés durant presque trois ans, à raison d'une fois par semaine, pour conclure qu'il s'agissait d'un fichier hybride établi entre 1941 et 1944 par les fonctionnaires de Vichy, principalement ceux de la préfecture de police. Ce fichier regroupait les inventaires des camps de Drancy, Pithiviers et Beaune-la-Rolande, des fiches individuelles et familiales, et enfin les identités des Juifs arrêtés à Paris et dans le département de la Seine. Nous avons constaté que les bureaucrates de l'époque faisaient du zèle : sans avoir reçu aucune instruction sur ce point, ils avaient pris l'initiative de choisir des feuilles cartonnées de couleurs différentes selon les nationalités des personnes recensées. Un dévouement pointilleux destiné peut-être à dresser les statistiques de leurs exploits.

À la fin de notre étude, un débat animé s'est instauré entre nous pour savoir que faire du fichier et à qui le confier... J'estimais qu'il fallait le déposer au Centre de documentation juive contemporaine, lieu de mémoire créé à la fin de la guerre à Paris pour regrouper tous les éléments concernant la Shoah en France. Ce fichier ne représentait-il pas un témoignage unique de la persécution juive ? En ce sens, il appartenait indiscutablement à la communauté. Tous les autres membres de la commission pensaient, au contraire, que ces documents devaient être remis aux Archives nationales. Mes arguments n'ont pas été entendus, et j'ai été largement mis en minorité.

Je suis allé voir Alain Juppé, devenu Premier ministre, et je lui ai tenu ce langage :

– Tous les Juifs de France seront révoltés si vous ne déposez pas ce fichier au Centre de documentation juive contemporaine. Le refus de le remettre à cette institution sera interprété comme une manière de lui dénier son caractère spécifiquement juif.

Finalement, j'ai gagné, et nul n'aurait l'idée aujourd'hui de remettre en question cette décision à la fois sage et cohérente. Qui d'autre que nous pourrait s'instituer gardien de notre propre mémoire ?

8

LES DEUX LUMIÈRES

En janvier 1995, à la fin de mes mandats au Crif, j'ai été élu président du Consistoire central israélite de France. Cette organisation cultuelle, responsable de la gestion de deux cent trente communautés à travers le pays, représente l'héritage de la structure mise en place par Napoléon en 1808. Car l'Empereur, qui voulait tout régir, chercha aussi à enrégimenter le judaïsme dans un corps parfaitement agencé et entièrement dévolu à ses prescriptions. Revenant de la campagne d'Austerlitz, il s'était arrêté à Strasbourg où les notabilités du département lui avaient soumis leurs doléances à l'égard des Juifs :

– Ils envahissent toutes les professions de brocanteurs et de marchands, ils ruinent les cultivateurs par l'usure et les exproprient…

De retour à Paris, décidé à mettre bon ordre dans l'organisation du culte, il voulut dépouiller le vieux judaïsme de ses prétendues contraintes séculaires pour en faire une « religion mosaïste » disciplinée. Dès lors, les rabbins devenaient des agents de l'autorité dont la mission, spécifiée par décret, se résumait à « rappeler, en toutes circonstances, l'obéissance aux lois, notamment et en particulier à celles relatives à la défense de la patrie... ».

Pour obtenir cette absolue soumission, Napoléon voulut faire entrer les Juifs dans un cadre policier, semblable à celui qui régentait déjà les Églises catholique et protestante. C'est ainsi que furent créés quinze consistoires de province affiliés à un Consistoire central à Paris.

Sur le plan extérieur à la communauté, cette innovation avait donc pour but premier d'insérer les Juifs dans la nation et de gommer leur spécificité pour en faire des sujets dociles. Sur le plan intérieur, les dirigeants laïques et les rabbins estimèrent que la centralisation napoléonienne leur offrait la chance exceptionnelle de prôner un judaïsme unifié, abritant sous le même toit les traditionalistes et les orthodoxes, les fidèles du Midi et ceux d'Alsace.

Au milieu du XIXe siècle, prit corps le projet d'un culte *tsarfat,* spécifiquement français, qui occupa longtemps rabbins et administrateurs. En 1850, quand vint l'heure pour le judaïsme français de construire ses grandes synagogues, on imagina, rue de la Victoire à Paris, un vaste lieu de prière où serait célébré un rite fondant en une même liturgie chants orientaux et monodies alsaciennes. Mais l'année suivante, la communauté dite « portugaise » loua un immeuble rue Lamartine, établissant ainsi nettement une séparation entre les deux traditions. Le Consistoire central protesta et n'abandonna pas son objectif. En 1866, un rapport insistait encore : « L'édification du temple de la rue de la Victoire permettra de réaliser le vœu si constamment formé par nos coreligionnaires du rite allemand et du rite portugais de se réunir dans un sanctuaire commun, en un mot d'y établir une unité de rite si désirable à tous égards. »

Une commission fut désignée pour tenter de sauver le projet. Mon ancêtre Zadoc Kahn, alors grand rabbin de Paris, s'y fit remarquer comme l'un des participants les plus enthousiastes. Mais la guerre contre la Prusse en 1870 retarda la décision. Enfin, le 16 mai 1874, après de longs débats, cent cinquante notables « portugais » repoussèrent définitivement la proposition. Un groupe de fidèles originaires de Bordeaux, de Bayonne, du Comtat et de l'Empire ottoman créa une société civile par actions pour acquérir un terrain et y édifier sa propre synagogue : ce sera celle de la rue Buffault. La grande synagogue de la Victoire devint donc temple ashkénaze, mais durant quinze ans encore les officiants y prononcèrent les prières « à l'orientale » ; l'espoir d'une conciliation n'était pas tout à fait abandonné.

De nos jours, plus personne ne songerait à fusionner les différents rites dans une expression unique, mais de ce vieux projet demeure l'essentiel : la volonté de ne jamais diviser le judaïsme et de conserver ce toit commun si précieux, ce lieu d'accueil où chaque Juif peut se reconnaître.

Cet idéal n'a pas été facile à atteindre. Une lutte entre traditionalistes et orthodoxes, plus ou moins sourde selon les époques, n'a cessé d'agiter le judaïsme français. Sans répit, les plus religieux ont cherché à s'opposer aux ouvertures des rabbins consistoriaux. En 1856 déjà, le Consistoire central convoquait à Paris une conférence des grands rabbins. Au programme : le réaménagement des programmes d'instruction religieuse, la réduction du temps des offices et l'introduction de l'orgue dans les synagogues. Le champion de l'orthodoxie, Salomon Klein, grand rabbin de Colmar, protesta sans succès contre ce vent de modernisme. Il écrivit au fondateur de l'école rabbinique de Berlin une longue lettre dans laquelle il se lamentait sur les déboires du judaïsme français : « Certains rabbins ajoutent ou retranchent des lois et prêchent contre les anciens usages, sans que le Consistoire central leur adresse quelque reproche... » Sur le plan de la pratique religieuse, les rabbins consistoriaux apparaissaient souvent comme de dangereux réformateurs aux yeux des partisans d'un judaïsme soucieux de respecter à la lettre les antiques traditions. En même temps, ils se voyaient considérés comme des passéistes arc-boutés sur les vieux textes par les apologistes de l'assimilation.

En 1905, la loi de séparation de l'Église et de l'État imposait une refonte sensible du statut consistorial. Désormais, rabbins et ministres officiants ne se verraient plus appointés par l'Administration. Si les consistoires se modifiaient dans leur forme, ils demeuraient l'expression substantielle du judaïsme hexagonal à travers les synagogues, le séminaire et le tribunal rabbiniques.

Lors de son congrès annuel de 1963, l'Association des rabbins français prenait la résolution de soumettre l'ensemble des problèmes religieux au tribunal rabbinique de Paris, considéré alors comme la seule autorité valable pour toute la France en matière de lois alimentaires, de divorces ou de conversions.

En 1987, les deux cent dix-sept grands électeurs du Consistoire central – rabbins et responsables communautaires – offraient à Joseph Sitruk le poste de grand rabbin de France, faisant entrer dans l'institution celui que certains présentaient comme le gardien de l'orthodoxie, même si celui-ci s'en défendait :

– Plutôt qu'orthodoxe, je préfère le mot « engagé » car un rabbin qui ne prêche pas l'exemple, par l'engagement éthique et social de toute sa vie, n'est pas un rabbin sérieux. Au moment de se couvrir de son châle de prière, le *talith,* le Juif veille à ne pas heurter son voisin. La limite de son engagement vis-à-vis de Dieu, c'est l'existence de l'autre. L'orthodoxie conçue comme intolérance rigide m'est donc totalement étrangère [1].

Lors de la réélection du grand rabbin, en 1994, je faisais pourtant remarquer à un journaliste du *Nouvel Observateur* venu s'enquérir de mes sentiments :

– Il y a un débat au sein de la communauté entre les tenants de la modernisation et ceux de la ghettoïsation, entre les partisans de la tolérance et ceux de l'enfermement.

Laïc, opposé à un judaïsme de fermeture, je suis parvenu à faire entendre ma voix dans les instances du Consistoire central. Je crois même y avoir apporté mon expérience en redressant moralement et financièrement cette maison qui apparaissait naguère comme un bateau ivre.

Autrefois, à Strasbourg, j'avais bien connu Joseph Sitruk, jeune et dynamique rabbin. Je découvrais tant d'années après un homme différent : il affichait indis-

1. Déclaration au *Monde*, 29 décembre 1987.

cutablement des principes religieux plus rigoristes que par le passé. J'ai cherché à composer avec lui car j'estime nécessaire d'offrir l'image d'un consistoire uni, même si, parfois, surgissent entre nous quelques points de désaccord. Par exemple, le séminaire chargé de former les rabbins doit à mon sens se montrer moins exclusif qu'un judaïsme de *yeshiva* [1]. Or, selon la conception du grand rabbin Sitruk, c'est bien dans le cadre d'une yeshiva que doivent étudier les futurs maîtres spirituels de notre communauté. Pour ma part, je demande, au contraire, une plus grande ouverture d'esprit et un enseignement élargi, car un rabbin se voit régulièrement appelé à dialoguer avec le préfet de sa région, le maire de sa ville, l'évêque du diocèse, il lui faut donc posséder des connaissances générales que l'on n'apprend pas en yeshiva. Mon objectif consiste à faire du séminaire une école rabbinique européenne en phase avec la société contemporaine et assurant la formation des rabbins pour tout le continent. Dans cette optique, j'estime que cet établissement devrait se trouver en relation permanente avec le monde universitaire, on pourrait imaginer que nos élèves suivent des cours dans certains instituts, comme celui des langues et civilisations orientales. Mais on me répond que ce n'est guère envisageable sous prétexte que des femmes y enseignent, ce qui apparemment choque la pudeur des plus orthodoxes.

Heureusement, d'autres tâches consistoriales sont moins sujettes à controverse. Nous menons actuellement

1. Littéralement « là où on est assis ». Académie talmudique, lieu d'études religieuses, centre essentiel de la vie orthodoxe.

une recherche du patrimoine juif sur le plan national, et cela débouche parfois sur des découvertes étonnantes... Il existe à Biarritz une synagogue presque centenaire construite à quelques pas de l'église catholique orthodoxe : les deux lieux de culte ont été élevés à une époque où de nombreux Russes venaient en vacances dans cette station balnéaire. Les archives nous ont révélé, à notre grande surprise, que le gouvernement tsariste de Saint-Pétersbourg, soucieux du bien-être spirituel de ses ressortissants, fit ériger et l'église et la synagogue. Comme cette dernière réclame aujourd'hui quelques travaux de restauration, nous avons pensé demander à Vladimir Poutine de consentir à un petit effort pour nous aider !

Au nom du Consistoire central, j'ai organisé, d'abord à Paris, dans le cadre de la Bibliothèque nationale de France François-Mitterrand à peine achevée, puis à Strasbourg, un colloque sur les Brigades internationales mobilisées en 1936, au moment de la guerre civile en Espagne, thème qui me tenait particulièrement à cœur.

On sait que des ressortissants de différentes nations sont allés se battre aux côtés des républicains contre le généralissime Franco et ses hordes fascistes. Jusqu'à présent, les historiens répétaient que ces combattants étaient très généralement des communistes ou des anarchistes. Peut-être. Mais on a rarement souligné que, sur les trente-cinq mille volontaires, une forte proportion était composée de Juifs. J'ai voulu leur restituer publiquement pour la première fois cette qualité.

Peu ont écrit sur ce sujet. Je n'en connais que deux. Le premier se nomme Arno Lustiger, cousin du cardinal de Paris, ancien président de la communauté juive de Francfort, il a consacré une étude circonstanciée à cette question [1]. Le second fut un acteur de cette guerre, le peintre Ilex Beller, natif de Pologne, autrefois fourreur rue d'Hauteville à Paris; parti se battre du côté de Teruel, il a raconté son itinéraire dans un ouvrage autobiographique [2]. Mais, à l'exception de ces deux voix, le silence régnait.

Comment nous faire pardonner, à nous Consistoire central, de n'avoir exprimé que si tard tout ce que le judaïsme d'Europe martyrisé et la liberté doivent à ces combattants juifs accourus de tout le continent et qui furent les premiers avant la guerre de Hitler à édifier les barricades de la solidarité internationale contre le fascisme? Sans doute n'avons-nous pas pu ou voulu comprendre, malgré l'histoire des persécutions antijuives, le sens de cette marée de réfugiés, hommes, femmes et enfants, fuyant dès les années vingt des régimes infâmes, pogromistes, totalitaires. Ni en France ni en Belgique, malgré des exceptions certes, ces réfugiés n'ont été reçus avec la chaleur et la dignité que leur malheur méritait. Nous ne voulions pas savoir pour qui sonnait le glas. Avec une fausse insouciance, nous avons fermé les yeux devant la résistible ascension des fascismes. Ces réfugiés, engagés pour des guerres qui semblaient ne pas nous concerner, étaient infréquentables, non convenables, pire, communistes. En réalité, un humanisme juif millénaire les incitait à lutter contre

1. *Shalom Libertad! Les Juifs dans la guerre d'Espagne,* éd. du Cerf, 1991.
2. *De mon shtetl à Paris*, éd. du Scribe, 1991.

l'injustice, une servitude dont ils avaient l'expérience inoubliable.

Oui, il est de notre honneur de répéter qu'en Europe ils furent les premiers à démasquer le nazisme. Les premiers à vouloir se battre contre Franco dont les généraux criaient « *Viva la muerte* », vive la mort, ils furent les plus ardents en 1939 à s'engager, comme volontaires encore, dans l'armée française.

Après la défaite, nombre de combattants désarmés par les gendarmes français furent internés dans les camps, bientôt placés sous l'autorité de Vichy qui assura des livraisons aux nazis. Si, en temps utile, les puissances avaient suivi l'exemple des Brigades internationales, qui sait si la Shoah n'eût pu être évitée ?

En 1996, l'université de Haïfa a cru devoir me distinguer du titre de docteur *honoris causa*. Moi qui riais de ceux qui portaient la cape et le chapeau carré, j'ai dû me produire dans cette tenue ! J'ai pourtant été honoré de faire partie de la même promotion qu'Isaac Stern. Être célébré au même titre que le grand violoniste revêtait pour moi une profonde signification.

Voilà bien longtemps que je m'intéressais à cette université du nord d'Israël en réunissant des fonds depuis la France. Car l'université comporte de nombreuses spécificités qui m'ont sensibilisé : elle possède plusieurs chaires francophones, attirant ainsi des étudiants français, elle offre la particularité de proposer des bourses à des jeunes issus de familles en difficulté et, enfin, elle compte parmi ses étudiants la plus forte proportion d'étudiants arabes de toutes les universités du pays. En ce sens, il s'agit sans aucun doute de l'institution qui, avec le plus d'efficacité, a permis aux différentes communautés de se côtoyer et de se connaître.

Retour rapide en France car bientôt s'annonçait un autre événement. En 1997, nous avons célébré l'anniversaire de la tenue du Grand Sanhédrin [1] réuni par Napoléon en 1807. Normalement, nous aurions donc dû planifier cette commémoration pour le bicentenaire, en 2007, mais j'ai estimé qu'il ne fallait pas attendre une date aussi lointaine, et nous avons marqué le cent quatre-vingt-dixième anniversaire de cet événement.

Afin de déterminer dans quelle mesure les Juifs pouvaient s'intégrer à la nation, l'Empereur avait convoqué une assemblée de soixante et onze notables juifs dont les deux tiers devaient obligatoirement détenir un diplôme rabbinique. Le chef de ce Sanhédrin, David Sintzheim, grand rabbin de Strasbourg, reçut la lourde tâche d'édicter des ordonnances religieuses conformes à la fois aux traditions et aux désirs de l'autorité impériale. Situation délicate. N'empêche que ce document, adopté sous la pression des circonstances, fonda le judaïsme français moderne et fut l'un des éléments permettant l'intégration de la communauté dans l'ensemble de la nation.

Il était prévu que le président Jacques Chirac vînt clore les débats qui se déroulaient à l'Hôtel de Ville, là où s'était jadis réuni le Grand Sanhédrin. Le chef de l'État m'a expliqué que, finalement, il jugeait inopportun de retourner en sa mairie... En revanche, il conviait les congressistes à se rendre à l'Élysée.

1. Terme qui évoque le tribunal de Jérusalem aux temps bibliques.

– Monsieur le Président, ai-je répondu, je pense qu'il y aura plus de mille participants à ce colloque...

Il a invité toute la foule à venir le rencontrer au palais présidentiel ! Imaginez mille deux cents personnes se bousculant à l'entrée devant les gardes républicains médusés. Comment filtrer tant de gens ? Un responsable de la sécurité, totalement débordé, m'a demandé si je connaissais tout le monde, j'ai jeté un coup d'œil et j'ai lancé

– Ils sont tous bons !

Et nous sommes entrés. Presque deux siècles auparavant, Napoléon avait fait frapper une médaille pour commémorer la tenue du Grand Sanhédrin : on voyait sur une face l'Empereur représenté en dieu tutélaire remettant les lois de la République aux Juifs à genoux, symbolisés par Moïse. Pour marquer le souvenir de cet événement historique, j'ai offert au Président l'une de ces médailles en argent...

– Vous voyez, monsieur le Président, vous êtes en quelque sorte le successeur de Napoléon, je vous remets donc cette médaille ; mais nous, aujourd'hui, nous sommes debout !

Chirac a éclaté de rire et l'assemblée a applaudi.

Le Grand Sanhédrin ne constitue pas seulement un épisode singulier du passé : ses enseignements pourraient êtres utiles en notre temps, alors que se pose pour les musulmans de France les problèmes de la représentativité et de l'intégration. Douze questions avaient été posées aux notables juifs réunis, et si l'on excepte deux interrogations marquées par les préjugés de l'époque sur l'usure, il reste dix points que l'on devrait garder en mémoire, avec quelques éléments de réponses fournis par le Grand Sanhédrin :

1) Est-il licite aux Juifs d'épouser plusieurs femmes ?

– Il est défendu à tous les Juifs de tous les États où la polygamie est prohibée par les lois civiles d'épouser une seconde femme.

2) Le divorce est-il permis par la religion juive ? Le divorce est-il valable sans qu'il soit prononcé par les tribunaux et en vertu de lois contradictoires à celles du code français ?

– Nulle répudiation ou divorce ne pourra être fait selon la loi de Moïse qu'après que le mariage aura été déclaré dissous par les tribunaux compétents.

3) Une Juive peut-elle se marier avec un chrétien et une chrétienne avec un Juif ? Ou la loi veut-elle que les Juifs se marient entre eux ?

Cette question fut, évidemment, la plus dérangeante pour les Juifs qui préféraient se marier entre eux afin de transmettre le judaïsme au sein de la famille. Le grand rabbin David Sintzheim répondit fort intelligemment : est-ce que vous pensez que chaque Française ou Français est prêt à épouser un Juif ou une Juive ? Mais il assura qu'un tel mariage serait valable et n'entraînerait aucun anathème.

4) Aux yeux des Juifs, les Français sont-ils leurs frères ou sont-ils étrangers ?

– En vertu de la Loi donnée par Moïse aux enfants d'Israël, ceux-ci sont obligés de regarder comme leurs frères les individus des nations qui reconnaissent Dieu créateur du ciel et de la terre, et parmi lesquelles ils jouissent des avantages de la société civile ; ou seulement d'une bienveillante hospitalité.

5) Dans l'un et dans l'autre cas, quels sont les rapports que leur loi prescrit avec les Français qui ne sont pas de leur religion ?

– Tout individu professant la religion de Moïse qui ne pratique point la justice et la charité envers tous les hommes adorant l'Éternel, indépendamment de leur croyance particulière, pèche notoirement contre sa loi.

6) Les Juifs nés en France et traités par la loi comme citoyens français regardent-ils la France comme leur patrie ? Ont-ils l'obligation de la défendre ? Sont-ils obligés d'obéir aux lois et de suivre les dispositions du Code civil ?

– Tout israélite né et élevé en France et dans le royaume d'Italie, et traité par les lois des deux États comme citoyen, est obligé religieusement de les regarder comme sa patrie, de les servir, de les défendre, d'obéir aux lois, et de se conformer, dans toutes ses transactions, aux dispositions du Code civil.

7) Qui nomme les rabbins ?

8) Quelle juridiction de police exercent les rabbins parmi les Juifs ? Quelle police judiciaire exercent-ils parmi eux ?

9) Ces formes d'élection, cette juridiction de police judiciaire sont-elles voulues par leurs lois ou seulement consacrées par l'usage ?

10) Est-il des professions que la loi des Juifs leur défende ?

– Les travaux corporels étaient en honneur parmi les enfants d'Israël et il n'est aucun art mécanique qui leur soit nominativement interdit, puisque la Sainte Écriture les invite et leur commande de s'y livrer.

Devant les différents ministres de l'Intérieur qui cherchèrent, les uns après les autres, à réglementer le culte musulman – Joxe, Pasqua, Marchand, Quilès, Chevènement... – j'ai évoqué bien des fois ces questions posées aux Juifs du XIXe siècle. Je les ai tous vus tenter d'unifier des courants musulmans divergents et se heurter inexorablement à cette difficulté. Je me souviens ainsi que, lorsque Pierre Joxe fut nommé ministre de l'Intérieur, il annonça fièrement :

– Nous allons constituer un Crif, Conseil représentatif de l'islam de France...

Je lui ai téléphoné pour lui faire remarquer respectueusement qu'il existait déjà un Crif, et qu'il était la voix de la communauté juive... Il a tenté par la suite de mettre sur pied un Corif, qui devint le Conseil de réflexion sur l'islam en France. Mais toutes ces tentatives ont échoué.

En Belgique, il y a une vingtaine d'années, il fut question de créer un consistoire musulman. Les autorités compétentes ont rassemblé les quinze ou vingt représentants des différentes tendances, lesquels ont travaillé dur pour élire un président... Et celui-ci a été abattu peu après. Il semble bien que se soit souvent l'islam le plus violent et le plus extrémiste qui triomphe et finisse par faire disparaître les courants modérés.

D'une manière moins dramatique mais tout aussi révélatrice, je me rappelle les propos de Robert Vigouroux, maire de Marseille, qui m'annonçait la prochaine érection d'une grande mosquée dans sa ville :

– Vous verrez, tous les musulmans s'y reconnaîtront, elle sera transparente, toutes les obédiences pourront s'y retrouver...

Deux ans après, je suis retourné dans la cité phocéenne et j'ai posé la question :

– Alors, monsieur le maire, où en est votre projet de mosquée ?

– J'ai renoncé, m'a-t-il annoncé sombrement. Je n'ai rien pu faire, chacun voulait la gérer exclusivement...

Nicolas Sarkozy semble aujourd'hui avoir réussi à fonder une instance représentative. Début janvier 2003, il m'a téléphoné, me priant de venir le voir : il tenait à me démontrer qu'il était arrivé à obtenir ce que personne avant lui n'était parvenu à mener à bien. Je souhaite que ses espoirs ne soient pas déçus. Qui pourrait nier que si nous avions, en France, un interlocuteur musulman unique et représentatif, faisant apparaître une religion tolérante et respectueuse des principes républicains, ce serait une excellente chose pour la paix religieuse ?

Le ministre de l'Intérieur m'a demandé l'aide des organisations juives, celle du Crif en particulier, dans le but de donner un peu d'assise à ce comité musulman. L'un des problèmes les plus ardus consiste à trouver le moyen de former des imams de France, d'instaurer une école de théologie musulmane dans notre pays, et le ministre pense que nous, Juifs, pourrions le soutenir en ce sens par notre expérience.

Dans la mesure du possible, je vais bien entendu épauler Nicolas Sarkozy à titre amical, mais au fond de moi je ne crois pas à l'islam modéré. Là où il existe, il se trouve rejeté, annihilé, écrasé par le fondamentalisme. Le *Djihad* – qui devrait être une guerre sainte spirituelle – se transforme en conflit violent et sanguinaire étendu à toute la planète. Cette guerre, menée au nom de la religion, peut revêtir deux formes : l'hostilité armée lorsque cela se révèle réalisable, ou la trêve, le temps de trouver la faiblesse de l'ennemi avant de reprendre le combat. C'est dire que, pour les intégristes, en dépit des accords et des conciliations, la finalité reste constamment l'hégémonie universelle, le triomphe de leur foi, l'éradication des infidèles. On l'a vu, des deux tours de New York à l'antisémitisme en France, et jusqu'au terrorisme en Israël, le fanatisme islamique représente un danger pour le monde.

Cela dit, il faut se garder de tout amalgame et d'une diabolisation systématique de l'islam de France. Lors de l'affaire du voile islamique, quand pour certains les principes républicains vacillaient sur leurs bases parce qu'une jeune fille réclamait le droit de se couvrir la tête d'un foulard avant de se rendre à l'école, j'ai jugé excessives les réactions à cet incident. Alain Finkielkraut et d'autres intellectuels ont parlé d'un « Munich de la laïcité », la nation tout entière semblait en danger. J'ai adopté une position plus modérée et me suis opposé à ces outrances verbales. Nous sommes finalement parvenus à régler le conflit à l'amiable : le Conseil d'État a donné un avis mesuré, laissant aux chefs d'établissement la liberté de jugement selon les cas et les circonstances. La jeune fille qui estime devoir cacher ses cheveux pour répondre aux préceptes de sa religion doit être libre de le faire. En revanche, je condamne sans réserve le voile islamique lorsqu'il est porté dans une intention de prosélytisme. N'avons-nous pas appris par la suite que certains parents touchaient une somme pour chaque foulard porté par les demoiselles de la famille ? Cette manipulation des intégristes doit évidemment être combattue partout et toujours. Il me semble aujourd'hui que le problème du foulard soit bien plus politique et stratégique que religieux.

Le rôle des démocrates et des militants des Droits de l'homme consiste à soutenir les partisans d'un islam modéré et les défenseurs de la dignité humaine afin de faire émerger des pays arabes les forces de la vie et du progrès. Pour ma part, j'ai accompli plusieurs missions au Maroc. Dans ce royaume où une partie de la population demeure écrasée par la misère, j'ai tenté de protester contre le sort fait aux enfants et contre la misérable condition imposée aux détenus de droit commun dans les établissements pénitentiaires.

J'ai entretenu des rapports extrêmement suivis avec le Conseil royal des droits de l'homme ; nous nous rencontrions tous les six mois, à Paris et à Rabat successivement. Sans cesse, je revenais sur cette question lancinante :

– Comment pouvez-vous autoriser le travail en usine d'enfants de six ans qui sont, en fait, de véritables esclaves ?

– Que voulez-vous, me répondait-on, ce sont des gamins du Sud marocain dont les familles vivent dans une grande pauvreté et ne peuvent assurer l'avenir de leur progéniture. Les parents, pour une modeste obole, confient leurs enfants à des gens qui devraient leur apprendre un métier.

J'essayais, sans toujours y parvenir, de faire comprendre à mes interlocuteurs combien il était choquant de voir des gosses travailler à la chaîne. Malgré la montée sur le trône de Mohammed VI, je crois que la situation n'a pas fondamentalement changé. Pour tenter de faire un peu évoluer les mentalités, j'ai organisé à Marrakech une conférence euro-méditerranéenne des Droits de l'homme qui a rassemblé une soixantaine d'États africains et européens. Je pense que le Maroc, qui cherche à se donner une image respectable en ce domaine, m'a été reconnaissant d'avoir réuni cette assemblée internationale sur son territoire, et l'ambassadeur du royaume chérifien à Paris m'a rendu hommage pour l'action menée en faveur des Droits de l'homme dans son pays.

Bien sûr, je n'ai pas mené ces missions en solitaire, des personnalités exceptionnelles et dévouées m'ont constamment informé, conseillé, guidé. Dominique Torres, auteur de travaux remarquables sur l'esclavage moderne, Martine Brousse, responsable de l'association « La Voix de l'enfant », Gérard Fellous, secrétaire général de la Commission nationale consultative des droits de l'homme, se sont trouvés en permanence à mes côtés dans ces combats.

Je pouvais désormais faire entendre ma voix au sein de deux organisations dont j'avais été nommé président : la Commission nationale consultative des droits de l'homme, sur le plan français, et l'Observatoire des phénomènes racistes et xénophobes, au niveau européen. La première, groupant sept confédérations syndicales, une trentaine d'organisations non gouvernementales et une poignée d'experts, a pour rôle de soumettre ses appréciations au gouvernement en matière de Droits de l'homme, soit sur la demande des politiques, soit de sa propre initiative. Nous nous occupions beaucoup du problème des sans-papiers et, sous ma présidence, la Commission a émis un avis réclamant pour chaque immigré le bénéfice d'un logement décent, le droit à la scolarisation des enfants et l'accès aux soins médicaux. En août 1996, après l'irruption de la police venue expulser par la force trois cents Maliens qui occupaient l'église Saint-Bernard, je suis intervenu auprès du ministre de l'Intérieur Jean-Louis Debré, me faisant ainsi médiateur pour plaider la cause d'un certain nombre de clandestins. Et je suis parvenu à en faire régulariser une quinzaine.

L'Observatoire des phénomènes racistes et xénophobes représente, lui, une émanation de la Commission consultative européenne contre le racisme et la xénophobie qui en avait prescrit la constitution dans son rapport final. Établi à Vienne en janvier 1997 et formé d'un conseil d'administration de quinze membres, un par pays de l'Union, cet Observatoire a permis de mener plusieurs actions constructives. Il a notamment adopté une charte de bonne conduite, signée par une centaine de partis politiques des différents pays. Son article premier stipule qu'un parti démocratique ne doit jamais, et sous aucun prétexte, accepter de faire alliance avec une formation extrémiste. L'Observatoire a également recommandé une relative unification du droit européen en matière d'antiracisme afin de mettre un terme au laxisme de certains États.

À Gomera, une île des Canaries, j'ai eu l'opportunité de prendre la parole devant les ministres de l'Intérieur ou de la Justice des pays de l'Union européenne. Ma présence dans cette prestigieuse assemblée m'a permis de faire passer les messages qui m'importaient et sensibiliser les gouvernements sur les questions du racisme. Au moment où j'ai évoqué la nécessité d'harmoniser nos législations, le ministre de la Justice du Danemark s'est exclamée :

– Il ne manquerait plus que ça ! Et notre souveraineté, nous allons la perdre ?

– Non, lui ai-je répondu, mais si vous voulez que soit réalisé un certain travail, il faut sinon uniformiser, du moins accorder les législations. Celui qui incendie un foyer d'immigrés à Stuttgart ne doit pas être condamné différemment de celui qui fait la même chose à Copenhague.

Devenu un peu le représentant itinérant des Droits de l'homme et de la lutte antiraciste, je profitais de chaque occasion pour faire entendre ma voix. J'ai même pris la parole à la cathédrale Notre-Dame de Paris pour réclamer, avec les représentants d'autres religions, la libération de sept moines trappistes enlevés en Algérie par le Groupe islamique armé. Hélas, il apparut, quelques jours plus tard, que les moines avaient déjà été égorgés. Avec quelques amis d'origine algérienne, nous avons envisagé de nous rendre sur place pour essayer de trouver une conciliation afin que de tels faits ne se reproduisent pas.

En mai 1997, j'étais à Saint-Jacques-de-Compostelle, invité au Carrefour des sciences et de la culture mis sur pied par la Cellule de prospective créée naguère au sein de la Commission européenne de Bruxelles par Jacques Delors dans un esprit catholique de gauche. Cette année-là, le Carrefour avait placé au centre de ses préoccupations la recherche d'une inspiration éthique pour l'Europe, et j'ai eu le bonheur de me retrouver dans un forum constitué de personnalités remarquables, toutes d'une grande sensibilité et d'une rare culture, comme le cardinal Carlo Maria Martini et Bronislaw Geremek, ancien ministre et historien polonais.

Puis, avec la Commission nationale consultative des droits de l'homme, nous avons célébré à la Sorbonne le cinquantième anniversaire de la Déclaration universelle des droits de l'homme instituée par René Cassin et adoptée par l'Assemblée générale des Nations unies. Une fois de plus, j'ai rappelé la Shoah et les massacres plus récents, toutes les injustices et les crimes dont la terre est gorgée :

– Si la Shoah a eu lieu, hier, unique, spécifique, indépassable, aujourd'hui une autre Shoah, sous une autre forme, d'une ampleur différente, est possible. Les mêmes silences de glace, les mêmes hypocrites non-ingérences mènent à d'imaginables incendies... Que retentisse la voix de ceux à qui sont récusés le droit des droits, le droit à la vie, le droit des hommes et des femmes soumis à la question par des Inquisitions modernes.

Fin 1997, je me suis envolé pour le Mexique afin de participer à une rencontre internationale des Commissions nationales des droits de l'homme. De retour à Paris, après un voyage d'une dizaine d'heures, j'ai sauté dans un avion en partance pour le Luxembourg où se tenait une réunion officielle à l'occasion de la séance de clôture de l'Année européenne contre le racisme. Ce 19 décembre, j'ai pris la parole dans l'hémicycle du Parlement devant le grand-duc Jean, le gouvernement luxembourgeois et les principales personnalités de la Commission européenne...

Et tout a failli s'arrêter définitivement pour moi.

À la fin de mon intervention, je me suis effondré, sans connaissance. On m'a évacué vers l'hôpital, me faisant bénéficier du brancard qui avait été apporté pour le grand-duc en cas de malaise.

Je suis resté quinze heures dans le coma. Jusque-là, je croyais, comme beaucoup d'autres, que le coma ne signifiait qu'absence et silence. En réalité, j'entendais absolument tout ce qui se passait et se disait autour de moi. Quelques proches venus à mon chevet tentaient de me rassurer :

– On reste près de toi, n'aie pas peur, il ne t'arrivera rien...

Je garde le souvenir d'un couloir obscur, de ténèbres profondes, sans la moindre lueur. C'était noir, tellement noir... J'ai essayé de me remémorer des moments de ma vie où j'avais contemplé d'intenses clartés, et ces réminiscences me réconfortaient. J'imaginais le soleil sur la mer, je rêvais de la réverbération étincelante sur un glacier en été, et je me suis promis, si je m'en sortais, de tout faire pour revoir ces images.

Peu de temps auparavant, j'avais demandé à l'un de mes fils de faire écrire un rouleau de la Torah par un scribe, cela afin de respecter le commandement qui impose à chaque Juif d'agir de cette manière au moins une fois au cours de sa vie. Soudain, une lumière fulgurante m'a envahi... Cette lumière éblouissante était donc celle de la Torah qui éclaire le monde avec ses valeurs, code de l'humanité.

Je suis revenu à moi tout doucement, et quand, un peu plus tard, je suis arrivé à l'hôpital de Strasbourg, le professeur de neurologie, Jean-Marie Warter, m'a annoncé que j'avais subi un accident vasculaire cérébral de très forte intensité. Mais il m'a aussitôt tranquillisé : le scanner indiquait que l'intelligence et la mémoire ne se trouvaient pas atteintes. J'ai été rassuré car je craignais plus que tout de devenir un légume.

Le professeur m'a demandé si j'étais sujet à l'hypertension, je lui ai répondu par la négative ; mon accident était donc dû au surmenage...

– Il va falloir vous reposer six mois, a-t-il décrété.

Je lui ai rétorqué que je ne pouvais en aucun cas me permettre une aussi longue inactivité : ne devais-je pas incessamment me rendre en Algérie pour une mission de conciliation à la suite de l'assassinat des sept moines trappistes ?

J'ai dû renoncer à partir en Algérie. Pourtant, après ma convalescence, je me suis efforcé de retrouver une énergie comparable à celle dont je faisais preuve auparavant, malgré d'insupportables douleurs et un handicap qui m'a définitivement cloué sur un fauteuil roulant. Peu importe, c'est assis que je sillonne le monde, c'est assis que j'interviens auprès des puissants afin de faire encore avancer les causes pour lesquelles je ne cesserai jamais de me battre. D'abord, je n'abandonnerai pas les victimes et les exclus, je n'arrêterai pas de ferrailler contre les haines racistes. Ensuite, je tiens à démontrer que je suis encore capable de lutter et que ma volonté reste intacte. J'aurais pu me laisser sombrer, ne plus rien faire, m'abandonner, m'enfoncer dans la dépression peut-être, mais ce n'était guère dans ma nature. J'ai relevé le défi et poursuivi mes activités.

Alors que devaient se dérouler au Consistoire central de nouvelles élections pour la présidence, une délégation informelle de quelques notables communautaires est venue me trouver pour tenter de me convaincre de passer la main :

– Maintenant que vous n'avez plus toutes vos facultés, il faudrait songer à vous retirer...

J'ai très durement ressenti cette détermination à m'évincer et à m'éloigner. Mais la meilleure des réponses fut ma réélection indiscutable, avec 75 pour cent des suffrages à mon nom. Les envieux et les ambitieux devront attendre !

Souvent, je songe à cette lumière éblouissante qui a percé mon coma... Quand j'ai connu de nouveau le bonheur d'avoir un petit-fils, ce fut pour moi un événement réellement miraculeux après la presque-mort dans laquelle j'avais plongé. J'ai considéré que c'était un don de Dieu et, avant la cérémonie de circoncision, j'ai confié à mes amis présents :

– Une première lumière a surgi lorsque je suis sorti du coma. Aujourd'hui, je reçois la seconde lumière...

Car deux lumières illuminent l'existence humaine : celle de la vie et celle de la Torah. Et cette certitude me guide désormais.

9

LES HABITS NEUFS DU RACISME

La politique est une chose compliquée et qui s'infiltre partout. En mai 1999, le Premier ministre Lionel Jospin n'a pas cru devoir me reconduire dans mes fonctions de président de la Commission nationale consultative des droits de l'homme, poste auquel j'avais été nommé par Alain Juppé alors qu'il était à Matignon. J'ai tout de même eu l'immense satisfaction de me voir remplacé par une personnalité d'une trempe exceptionnelle : Pierre Truche, premier président honoraire de la Cour de cassation et procureur général dans le procès contre le nazi Klaus Barbie.

Ces contrariétés politiciennes ne m'empêchaient évidemment pas de poursuivre mes combats en faveur des victimes de l'intolérance et du racisme. J'ai lutté en particulier contre l'entrée au gouvernement autrichien de Jörg Haider, chef du parti de la Liberté, formation d'extrême droite. En février 2000, étant toujours président de l'Observatoire européen des phénomènes racistes et xénophobes, j'ai rencontré le chancelier autrichien, Wolfgang Schüssel, une heure avant qu'il ne paraphe l'accord de coalition avec Haider... Le chancelier et moi avons échangé des propos qui n'étaient pas tendres. J'ai regardé mon interlocuteur dans le blanc des yeux et je lui ai dit :

– Monsieur le chancelier, comment osez-vous envisager de signer une alliance avec un pareil individu ? Vous allez être la honte de l'Autriche, j'ajouterais même, la honte de l'Europe.

Il a tenté de m'expliquer les méandres de la politique interne de son pays, les raisons tactiques qui le poussaient à tenter de s'extraire de la coalition qui, depuis quarante ans, dominait le paysage politique autrichien par une entente entre démocrates-chrétiens et socialistes. Je lui ai rappelé que l'Observatoire avait rédigé un code de bonne conduite pour les partis politiques démocratiques européens et que son article premier interdisait toute compromission avec une formation raciste. Il m'a écouté, mais je ne suis guère parvenu à le convaincre. Finalement, en dépit de mes arguments, il m'a simplement confirmé qu'il se montrait disposé à signer la convention qui permettrait à l'extrême droite d'entrer dans son gouvernement.

Je croyais avoir été clair dans mon exposé, même si je n'avais pas obtenu gain de cause. Quelle ne fut donc pas ma surprise, le soir même, d'entendre Wolfgang Schüssel déclarer à la télévision autrichienne que le chef de la communauté juive française et président de l'Observatoire européen des phénomènes racistes et xénophobes avait reconnu que le chancelier d'Autriche respectait parfaitement le code de bonne conduite établi par l'instance européenne !

Atterré, je lui ai immédiatement téléphoné :

– Monsieur le chancelier, vous racontez des mensonges !

– Comment, moi ? Je ne mens pas...

Je lui ai rappelé, encore une fois, l'article du code qui interdisait toute alliance avec un parti raciste...

– Justement, c'est là que je vous attendais, m'a-t-il interrompu, le parti de M. Haider n'est pas raciste.

– Vous appelez ça comment ?

– Un parti populiste.

– Le temps de jouer sur les mots est passé, ai-je conclu avant de raccrocher le combiné.

Aussitôt, j'ai adressé à la presse autrichienne un communiqué pour démentir formellement les paroles du chancelier : « Une fois de plus, M. Schüssel a menti, notre charte interdit dans son article premier de conclure une alliance avec un parti d'extrême droite ou raciste. »

Peu après, de retour à Paris, je me trouvais dans le bureau de Jean-Pierre Chevènement au ministère de l'Intérieur. Nous avons évoqué le cas autrichien, qui préoccupait alors toute l'Europe, et j'ai donné cette définition de la démocratie accomplie :

– Un État n'est totalement démocratique que si, en plus de sa majorité, l'opposition est également démocratique.

Je me souviens que Jean-Pierre Chevènement a noté cette formule sur un carnet, peut-être nous la resservira-t-il un jour...

L'affaire Haider a mis en évidence la nécessité de construire une Europe éthique. En effet, il convient de rester constamment vigilants afin d'éviter de voir le mal du racisme et de la haine envahir à nouveau notre continent. J'ai plaidé cette cause à l'occasion d'un colloque réuni à Vienne, en présence des plusieurs Premiers ministres européens. J'ai dit que, malheureusement, on se soucie essentiellement de problèmes économiques et financiers posés par l'ouverture de l'Europe, alors que le continent unifié devrait constituer avant tout une communauté de valeurs. Personne ne semble se préoccuper du niveau des Droits de l'homme et du combat contre le racisme et l'antisémitisme dans chacun des États récemment admis. Or, très souvent des phénomènes détestables – qui seraient juridiquement sanctionnés dans l'Union des Quinze – continuent de s'y manifester impunément. J'ai rappelé que, dans certaines villes de la République tchèque, les autorités s'ingénient à séparer, par des murs, la population locale des Tziganes. Le ministre tchèque présent s'est alors levé et a contesté ma manière de voir :

– Ce n'est pas une mesure raciste, mais une mesure sociale, a-t-il protesté.

– Monsieur le ministre, ce que vous dites aggrave votre cas, ai-je répondu froidement.

De tels propos me valent bien des inimitiés. À l'échelon européen, on me considère souvent comme un électron libre dont il faut un peu se méfier. Je persiste pourtant à dire que, si l'Europe est une idée avant d'être une organisation économique et politique, celle-ci devrait s'incarner d'abord dans un projet de culture et de mémoire. Ne pas comprendre cela conduirait à terme au succès de tous les démagogues vendeurs d'utopie télégénique.

Mais les tendances délétères ne se limitent pas aux pays de l'Est. Je prétends que l'extrême droite est ramifiée sur une grande partie du continent, je prétends que l'Europe menace de glisser sur une mauvaise pente. Un jour, j'assistais à une conférence de presse au Conseil européen de Bruxelles, et j'ai déclaré :

– Nous sommes en train de constater le développement d'un racisme alpin : l'Autriche, l'Italie, la Suisse, la France aussi dans une certaine mesure... Pourquoi ? Pour les régions alpines, où les vallées encaissées ne connaissent pas le soleil, perdure une sorte d'obscurantisme, une peur de l'autre, un repli identitaire.

Un journaliste m'a fait remarquer qu'il existait aussi un racisme belge en pays flamand. C'est vrai, il n'y a pas de montagnes en Belgique, mais la région crée peut-être d'une manière différente ses barrières et ses ténèbres. Un correspondant du quotidien *Le Temps*, de Lausanne, m'a interpellé à son tour : en Suisse, on n'accepte pas le terme de « racisme » appliqué à certains partis politiques, on préfère parler de « populisme ». La Confédération helvétique se veut un pays propre, quitte à travestir la vérité.

L'extension politique de l'Europe et la crainte qu'elle engendre par le rapprochement avec des pays jusque-là étrangers constituent évidemment des facteurs non négligeables de la montée du racisme. Les gens ont peur de tout ce qui résonne européen. En Alsace, certains villages votent majoritairement pour le Front national parce que leurs habitants redoutent la concurrence économique étrangère, ils tiennent à demeurer tels qu'ils sont, tels qu'ils ont toujours été, effrayés à l'idée que l'Europe pourrait leur imposer une nouvelle manière de vivre. Au fond, je crois que les hommes politiques ont simplement mal expliqué l'Europe aux citoyens. Il aurait fallu dire et répéter que chacun conservera son identité dans un ensemble plus large, ouvert sur les autres dans le respect de toutes les particularités.

L'extension de l'intolérance se poursuit de façon inquiétante, notamment en Italie. Umberto Bossi, chef de la Ligue du Nord, s'en prend régulièrement aux immigrés, il a même affirmé que la population carcérale serait constituée de détenus musulmans bien plus que de chrétiens... Une manière de voir qui paraît bien partagée de l'autre côté des Alpes : j'ai été extrêmement choqué de découvrir que l'archevêque de Bologne, Mgr Giacomo Biffi, avait approuvé les déclarations intempestives du dirigeant extrémiste. Comment un représentant de l'Église a-t-il osé s'associer à de telles positions ? J'ai fait part de ma stupéfaction au cardinal Lustiger, ajoutant que la hiérarchie catholique française aurait dû se désolidariser officiellement de ces propos détestables.

J'ai présidé l'Observatoire européen des phénomènes racistes et xénophobes pendant environ trois ans, jusqu'au jour où le gouvernement français, à la date de renouvellement des mandats de ses représentants, m'a purement et simplement évincé.

Sur le plan personnel, cette annonce survint comme un coup de tonnerre. Au niveau de la place de la France sur l'échiquier européen, le geste du Premier ministre représenta, me semble-t-il, une erreur politique. On ne supprime pas la mission de celui qui a été élu président, surtout après un vote unanime de tous les membres du conseil d'administration. On a fait ainsi perdre à notre pays un poste stratégique important, mais l'idéologie effaçait toute autre considération. La présidence est passée à un syndicaliste anglais, tandis que le gouvernement français désigna pour le représenter au sein de l'Observatoire un ancien communiste, Guy Brebant, un homme brillant, autrefois président de chambre au Conseil d'État.

Au cours d'une cérémonie à Vienne, le nouveau délégué de la France m'a rendu hommage et prononcé ces mots qui m'ont bouleversé :

– La France a connu deux grands hommes au niveau des Droits de l'homme, René Cassin et Jean Kahn.

Me voir comparé à l'auteur de la Déclaration universelle des Droits de l'homme fut un honneur et un bonheur. Je crois que mon exclusion a été déplorée par tous ceux avec qui j'avais travaillé. Un moment, mes anciens collègues ont même pensé me conférer le titre de président d'honneur de l'Observatoire, mais cette dignité n'était pas prévue par les statuts, alors ils ont créé un prix à mon nom. Le « prix Jean-Kahn », d'une valeur de vingt-cinq mille euros, sera attribué pour la première fois à la fin de l'année 2003 et récompensera une personne ou une organisation non gouvernementale qui se sera particulièrement distinguée dans la lutte contre le racisme. Cette marque d'estime m'a profondément touché, car elle survenait comme une consécration, une reconnaissance d'un combat acharné mené depuis tant d'années.

La politique politicienne m'avait éloigné de mes fonctions dans les structures antiracistes, mais je n'allais pas renoncer à mes engagements pour autant. Je poursuivais notamment mes activités pour la défense d'Israël et du judaïsme. Je me suis trouvé alors en voyage à Jérusalem où se tenait un colloque devant le Mur occidental. Un certain nombre de personnalités ont pris la parole, et, quand est venu mon tour, j'ai commencé mon intervention en évoquant mes problèmes de santé :

– Je suis venu devant le *Kotel* [1] pour remercier Dieu de m'avoir accordé un sursis après l'accident vasculaire cérébral qui a failli m'emporter...

À cette époque, il était fortement question du partage de Jérusalem, j'ai fait alors la déclaration suivante que j'ai appelée « le serment de Jérusalem » :

– Dieu m'a accordé déjà trois ans de sursis, s'Il m'accorde d'autres années, je m'engage solennellement ici, et je prête serment en ce lieu sacré, à consacrer tout le temps qu'Il voudra bien encore m'accorder à défendre l'unité de Jérusalem.

Émues, les cinq mille personnes présentes ont prêté le même serment.

Une quinzaine de jours plus tard, j'ai appris avec intérêt que Nathan Chtcharansky, l'ancien dissident soviétique devenu ministre israélien, avait réuni encore plus de monde devant le Mur et s'était exprimé dans les mêmes termes, prêtant, lui aussi, « le serment de Jérusalem ». J'avais fait école.

1. En hébreu, le Mur. Les Juifs appellent « Mur occidental » ce vestige du Temple que les chrétiens désignent comme le « Mur des lamentations ».

Au Consistoire central, les combats à mener ne manquaient pas non plus. Un problème particulièrement douloureux vint bientôt me mobiliser : celui des enfants retirés à leur famille par des structures officielles comme la DASS, la Direction des affaires sanitaires et sociales. En effet, dans la région parisienne essentiellement, des gamins se voient éloignés de leurs parents, considérés comme inaptes à les élever, et placés, sur décision d'un juge, dans des familles d'accueil pour une période déterminée. Lorsque ces enfants sont juifs, la DASS les confie à l'OSE, Œuvre de secours aux enfants.

Cette structure communautaire, implantée en France depuis les années vingt, s'acharna à sauver des vies sous l'Occupation en secourant de diverses manières plus de cinq mille sept cents enfants. À la Libération, l'Œuvre fut chargée par les Alliés de recevoir de jeunes rescapés du camp de Buchenwald et dut se préoccuper du sort de près de deux mille autres petits orphelins. Plus d'un demi-siècle après ces événements dramatiques, l'OSE constitue toujours une organisation importante dans l'aide à l'enfance au sein de la communauté juive.

Or, quelle ne fut pas ma stupéfaction d'apprendre que l'OSE confiait les enfants placés sous son autorité à des familles d'accueil juives ou non, indifféremment ! On m'a cité l'exemple d'une fillette qui, durant huit ans, participa chaque année aux cérémonies du Ramadan... Devant cette réalité, mon sang n'a fait qu'un tour. J'ai fait procéder à une enquête, j'ai interrogé les dirigeants de l'OSE, et ceux-ci m'ont soutenu qu'ils agissaient de cette manière forcés et contraints : ils ne trouvaient pas suffisamment de familles juives, ni d'assistantes sociales juives pour répondre aux besoins.

Je ne pouvais pas tolérer cette situation et j'ai réagi violemment, comme d'habitude. J'ai réuni quelques personnes compétentes, des psychologues, des psychanalystes, des éducateurs, et nous avons mené une campagne de publicité dans la presse communautaire afin de solliciter des foyers juifs disposés à accueillir ces enfants. En seulement un mois, nous avons obtenu l'accord de cent cinquante couples offrant toutes les garanties possibles. Tous des gens indiscutables sur le plan des qualités morales.

À ce moment, nous étions en juillet 2000, je devais être opéré d'une carotide. L'intervention devait avoir lieu à 8 heures du matin à l'hôpital de la Pitié-Salpêtrière et, quand l'infirmier m'a conduit au bloc, j'étais liquéfié de peur... mais je gardais en tête le problème des enfants. Je me disais que, durant la Shoah, nous avions perdu tant de gosses, et soixante ans après, nous en perdions encore d'une autre façon.

Mon père m'avait appris jadis que le soir de Kippour, le Grand Pardon, avant que ne sonne le *choffar* et la fin de la célébration, le rabbin fait réciter à toute l'assistance la prière du *Chema Israël* [1] et ensuite sept fois le nom de Dieu que l'on articule uniquement en ce jour redoutable. Et mon père m'avait encore enseigné que ce sont ces mots-là que l'on prononce devant la mort, au moment suprême. Peut-être n'allais-je pas me réveiller après l'intervention, alors j'ai dit ces paroles... Autour de moi, trois femmes anesthésistes cherchaient, avec mille difficultés, à me piquer l'artère avec une aiguille. Elles

1. *Écoute Israël*, prière fondamentale du rite juif.

s'acharnaient, me faisaient mal, et je continuais, imperturbable, à réciter mes prières...

– Que dites-vous ? me demanda l'une d'elles.

– Rien. Ça ne vous regarde pas...

Et c'est à ce moment-là, pendant que je priais, qu'a surgi dans mon esprit le nom de l'association qui s'occuperait des enfants juifs : SOS Nechama (Sauvez l'âme).

L'opération s'est bien déroulée et, à la sortie de l'hôpital, m'attendaient deux rabbins que j'estime infiniment et auxquels je suis très attaché. Ils avaient prié pour ma guérison sur les tombes de maîtres réputés, l'un sur celle du rabbin de Loubavitch dans le Bronx, près de New York, l'autre en Israël sur la sépulture de rav Ari Hakadoch. J'ai raconté aux deux rabbins comment le nom de SOS Nechama s'était imposé à moi, et ils ont estimé que, en vertu des mots que j'avais formulés, je m'étais trouvé en présence de Dieu : on ne prononce pas le Nom sacré sans obtenir une réponse. Oui, j'ai la faiblesse de penser que j'étais, à ce moment précis, en communication directe avec Dieu.

– C'est pourquoi il faudra garder ce nom de SOS Nechama, ont-ils conclu.

Nous avons donc ouvert un bureau SOS Nechama au Consistoire central. Et désormais, les enfants juifs retirés à leur famille pourront trouver accueil au sein de familles juives, dans le respect des traditions et dans l'enseignement d'un judaïsme vécu au quotidien.

Mais déjà se profilait un événement de portée internationale et qui concernait Israël au premier chef. La

« Conférence mondiale contre le racisme, la discrimination raciale, la xénophobie et l'intolérance » de l'Organisation des Nations unies allait se réunir à Durban, en Afrique du Sud, du 31 août au 4 septembre 2001.

Ce rassemblement était censé établir à l'échelle de la planète une stratégie de lutte contre le racisme dans un grand mouvement de fraternité humaine. Au cours des mois précédents, ce colloque avait été mûrement réfléchi et minutieusement préparé par toutes les organisations à vocation antiraciste, comme le Conseil de l'Europe, par exemple.

Ô stupeur, j'appris très vite que les États arabes et leurs alliés de l'Organisation de la conférence islamique voulaient transformer la réunion de Durban en tribune antisioniste et antisémite ! J'ai flairé le piège tendu pour aboutir à une délégitimation de l'État d'Israël et revenir à l'inique résolution adoptée par l'Assemblée générale de l'ONU en 1975 : « Le sionisme est une forme de racisme et de discrimination raciale. » Un texte que Kofi Annan, secrétaire général de l'Organisation, a qualifié lui-même de « manifestation lamentable d'antisémitisme », mais que l'Assemblée des Nations unies ne révoqua qu'en 1991.

Le danger de voir revenu le temps des folles résolutions m'a dicté le devoir de me rendre à Durban afin de tenter d'y faire entendre ma voix. Je suis allé trouver le président de la République, qui seul pouvait me donner la possibilité d'imposer ma présence à Durban.

– D'après ce que j'ai entendu, lui ai-je déclaré, les nations arabes et africaines chercheront à faire adopter une nouvelle résolution comparant le sionisme au racisme. Je ne pense pas que vous soyez d'accord que l'on votât encore une fois ce postulat...

– Absolument pas, m'a-t-il répondu.

– Voulez-vous faire en sorte que je sois nommé membre de la délégation française ?

Il a accepté et j'ai fait partie de cette délégation qui réunissait essentiellement des gens du Quai d'Orsay, des anciens ambassadeurs dans les pays arabes et des représentants de Matignon, donc de Lionel Jospin.

À Durban, il y avait deux plates-formes : la conférence inter-États organisée par l'ONU et le forum des organisations non gouvernementales. Cette dernière assemblée, informelle et sans pouvoir aucun, a connu les pires débordements que l'on puisse imaginer... Yasser Arafat y a parlé durant quatre heures devant une foule qui hurlait à mort contre les Juifs. Mais je ne m'en suis guère occupé, car finalement ce n'était qu'un défoulement des plus abjects sentiments, le véritable enjeu se situait évidemment au niveau de la conférence.

La délégation française se voyait quotidiennement sollicitée pour voter en faveur du texte antisioniste, et j'ai dû me battre pied à pied pour empêcher la France de participer à cette mauvaise action.

Israël et les États-Unis s'étaient très vite retirés des débats, en signe de protestation, et je me trouvais seul à pouvoir rendre compte du déroulement des négociations au rabbin Michaël Melchior, vice-ministre israélien des Affaires étrangères. Je lui téléphonais très régulièrement à Jérusalem, comme j'appelais aussi presque chaque jour Jean-Marc de La Sablière, conseiller diplomatique de Jacques Chirac. Je lui indiquais jusqu'où risquait d'être entraînée la délégation française... J'avais un ami parmi les membres de notre délégation, conseiller de Lionel Jospin. Nous nous parlions très amicalement, et un jour il m'a confié :

– Je crois qu'aujourd'hui on va donner notre accord à la résolution contre le sionisme...

J'ai aussitôt téléphoné à Jean-Marc de la Sablière et, le lendemain matin, mon ami m'a fait part de son étonnement :

– C'est curieux, hier nous avions des instructions de voter la résolution, et aujourd'hui nous recevons des directives contraires !

Fort heureusement, j'étais parvenu à modifier la position de la France. Je dois dire que Jacques Chirac s'est montré fidèle et droit : il m'avait assuré qu'il était contre cette résolution et il l'est resté. En empêchant la France de voter en faveur d'un texte infâme, j'ai évité indirectement que les autres États de l'Union européenne ne se prononcent contre le sionisme. En effet, tous les jours se tenait une réunion des Quinze pour uniformiser leur position, et la France a joué un rôle moteur en influençant toute l'Union.

J'ai apporté ma pierre à l'édifice, mais rien n'aurait été possible sans le soutien du président de la République. Je tire de cette expérience la leçon suivante : s'il faut constamment demeurer vigilant, il est important aussi de posséder des appuis. On ne peut jamais mener une action en restant seul et isolé.

En définitive, s'est tenue à Durban une conférence plus raciste que tout ce que l'on pouvait imaginer, alors même qu'elle proclamait hautement vouloir précisément lutter contre ce fléau. L'antisémitisme y éclatait au grand jour et constamment. Il y avait des manifestations quasi quotidiennes dans le hall de l'immeuble où se tenaient les réunions, et l'on entendait sans cesse les cris de « Mort aux Juifs » comme une litanie devenue banale. Certains enragés ont même pensé soumettre une déclaration proclamant que l'antisémitisme n'était pas un racisme ! Là encore, j'ai alerté les membres de la délégation française.

À côté de cela, les pays arabes et africains espéraient obtenir des pays occidentaux une réparation pour les périodes de colonisation et d'esclavage. Pourtant, chacun sait que la source première de l'affreux commerce des êtres humains se trouvait au sein même des tribus africaines en lutte les unes contre les autres, prêtes à vendre leurs prisonniers au plus offrant. Aujourd'hui encore, dans le Sud-Soudan, en Mauritanie, au Liberia ou en Sierra Leone, l'esclavage se pratique à grande échelle. Mais qui en parle ?

Les travaux se sont terminés un vendredi soir, et j'ai demandé à un ou deux amis de me tenir informé en cas d'adoption d'une résolution finale. Les délégués ont travaillé toute la nuit, en butte au lobby arabe et africain qui tentait encore d'obtenir une résolution teintée d'antisionisme. Le samedi matin, le texte se trouvait encore en suspens... Mais la Conférence était terminée, et la plupart des participants repartaient déjà pour New York, au siège de l'ONU, emportant dans leurs bagages des projets de résolution.

Le texte final ne représentait pas grand intérêt à mes yeux, j'avais obtenu ce que je voulais : Israël n'avait pas été condamné. Shimon Peres m'a d'ailleurs écrit peu après : « Votre présence en tant que membre de la délégation française officielle, en tant que président du Consistoire, a rendu des services inestimables à l'État d'Israël et au peuple juif. Le rabbin Melchior a raconté l'engagement très profond que vous avez déployé pour atteindre notre objectif commun de renverser la tendance anti-israélienne et éviter les résolutions anti-israéliennes... Avec les nombreux défis qui nous attendent encore, j'espère que notre coopération sera aussi fructueuse dans le futur qu'elle l'a été dans le passé. »

La résolution finale, adoptée plusieurs semaines après, se concluait en définitive sur des propos auxquels tous pouvaient souscrire :

« La Conférence engage instamment les États et encourage le secteur privé à promouvoir l'élaboration par les médias, y compris la presse écrite et la presse électronique, et notamment par le biais de l'Internet et de messages publicitaires, en tenant compte de leur indépendance et par l'intermédiaire de leurs associations et organisations pertinentes aux niveaux national, régional et international, d'un code de déontologie volontaire et de mesures d'autorégulation visant à :

a) Combattre le racisme, la discrimination raciale, la xénophobie et l'intolérance qui y est associée.

b) Promouvoir la représentation juste, équilibrée et équitable de la diversité de leurs sociétés, en veillant aussi à ce que cette diversité soit reflétée parmi leur personnel.

c) Lutter contre la prolifération des idées de supériorité raciale, la justification de la haine raciale et la discrimination sous quelque forme que ce soit.

d) Promouvoir le respect, la tolérance et la compréhension entre les individus, les peuples, les nations et les civilisations, par exemple en contribuant à des campagnes de sensibilisation du public.

e) Éviter les stéréotypes sous toutes leurs formes et en particulier la propagation d'images fausses des migrants, y compris des travailleurs migrants et des réfugiés, en vue de prévenir la propagation de sentiments xénophobes parmi la population et d'encourager la présentation d'une image des individus, des événements et de l'histoire qui soit objective et équilibrée. »

Durant l'été 2002, j'étais à Washington, invité par la convention nationale de l'American Jewish Committee, où j'ai retrouvé le cardinal Jean-Marie Lustiger, invité également.

L'archevêque de Paris est un homme brillant dont le charisme, l'intelligence et la clairvoyance éclatent aux yeux. On a généralement le sentiment que tous les évêques sont des êtres supérieurs, mais ce n'est pas toujours vrai. Lustiger, lui, plane au-dessus de tous, et il est frappant de constater qu'il n'a jamais été nommé président de la Conférence épiscopale de France – peut-être a-t-on un peu peur de lui.

Assez sincèrement, il a gardé une fibre juive, et il répète souvent qu'il est à la fois juif et chrétien. Je pense que cette double appartenance n'est pas possible, et je ne supporte pas cette manière de tout confondre. Mais on ne peut pourtant pas l'empêcher de garder au fond de lui un vif sentiment pour ses origines. La seule chose que je lui reproche vraiment, c'est d'organiser, une fois l'an, une messe pour les Juifs convertis au catholicisme... J'en ai parlé un jour à l'évêque de Strasbourg, Mgr Elchinger, qui a jugé cette attitude proprement incompréhensible : un converti est un catholique comme tous les autres. En revanche, je n'en ai jamais soufflé mot devant Lustiger, l'idée de me chamailler avec lui me fait horreur.

À Washington, pourtant, il a prononcé un discours qui m'a déplu car, cette fois, il en a fait trop.

– Comme vous tous ici, je récite le *Chema Israël*, a-t-il proclamé.

Et il a commencé à réciter la prière devant l'assemblée... Tout le monde a applaudi, les Juifs venus du Tennessee ou du Texas étaient ravis d'entendre un cardinal réciter une prière du rituel juif !

Au cours d'un entretien que nous avons pu avoir dans les coulisses de la réunion, le cardinal m'a confié qu'il venait de recevoir un rapport des moines franciscains qui se trouvaient dans l'église de la Nativité à Bethléem au moment où les forces israéliennes l'encerclaient pour en déloger les terroristes palestiniens durant les fêtes de Noël 2001. Or, ce texte, rédigé par des témoins, disculpait totalement l'armée israélienne des exactions dont on l'accusait. J'ai évidemment demandé à pouvoir consulter ce compte rendu, et le cardinal m'a conseillé de m'adresser au père Patrick Desbois, secrétaire de la Commission épiscopale des relations avec le judaïsme. À mon retour en France j'ai téléphoné et écrit dix, vingt, trente fois peut-être au père Desbois. Sans jamais obtenir la moindre réponse. Puisque ce rapport existe, pourquoi ne pas le divulguer ?

10

UN COMBAT SANS FIN

Mes activités m'entraînent parfois à des rencontres à la fois enrichissantes et étonnantes. Assez récemment, j'ai reçu un coup de téléphone de Robert Badinter qui me demandait de recevoir, en tant que président du Consistoire central, un jeune Juif religieux, brillant, candidat à un poste d'aumônier militaire. Je n'ai pu m'empêcher de marquer ma surprise devant la démarche, pour le moins inhabituelle, de l'ancien ministre :

– Excusez-moi, mais je m'étonne que vous interveniez dans un tel domaine...

– C'est un garçon intéressant, c'est le petit-fils de Françoise Giroud...

Françoise Giroud était juive, en effet, mais a toujours demandé à sa famille de ne jamais laisser apparaître sa judaïté. Jamais ! Personne ne devait savoir.

Quelques jours plus tard, j'ai donc reçu la visite de ce jeune homme, barbu, portant les papillotes des Juifs religieux, et père de huit enfants. Il m'a fait grande impression : une vaste culture juive, de larges connaissances générales également, vraiment un personnage de grande valeur. Et il m'a raconté, en rigolant, l'histoire de sa grand-mère... Avant de mourir, la célèbre journaliste a écrit un dernier livre, *Les Taches du léopard*, et ces taches sont celles qui ne s'effacent jamais, allusion à un verset du prophète Jérémie. Ainsi donc, son judaïsme caché ne pouvait s'effacer, lui non plus...

Le jeune juif religieux que j'avais en face de moi se trouvait être non seulement le petit-fils de Françoise Giroud, mais encore le fils de Robert Hossein et d'une psychanalyste de renom dont les ouvrages et la pratique font autorité. Je dois avouer que j'imagine avec un certain amusement ce Juif en chapeau noir assis au premier rang du théâtre Marigny et criant « Bravo papa ! » devant l'un ou l'autre grand spectacle sur Jésus dont le célèbre comédien se montre friand.

Après le théâtre et la littérature, la musique : j'ai découvert, il y a peu, l'œuvre magistrale d'un compositeur israélien, Dov Seltzer : *Requiem pour Rabin*. Cet ouvrage a été interprété à deux reprises déjà devant deux mille personnes chaque fois, à Tel-Aviv et à New York. J'estime qu'il faut maintenant présenter une telle œuvre à Paris. Il est vrai que le *Requiem* n'est pas facile à monter, il exige un orchestre philharmonique de cent cinquante musiciens, un chœur de cent chanteurs, un autre formé d'enfants, et la pièce s'achève sur les plaintes de cinquante *choffar*.

J'imagine une grande soirée musicale sous la double présidence du président de la République française, Jacques Chirac, et du président de l'État d'Israël, Moshé Katsav, manière de conforter l'amitié entre les deux peuples et de permettre à la France de lancer des initiatives de paix au Proche-Orient. Parce que c'est la paix que nous souhaitons et espérons plus que tout, et notre rêve est que la France puisse y contribuer, ce serait pour nous joie et fierté. Ce n'est pas qu'un songe ou un vœu pieux, j'ai pris des contacts, lancé des initiatives, et il me semble que les négociations sont en bonne voie.

Mais le destin devait bientôt me pousser à revenir à l'aide internationale aux exclus. L'un de mes amis, Christian Massaré, était naguère le directeur d'un important laboratoire pharmaceutique, les établissements Laffont. Comme l'entreprise marchait rondement et gagnait énormément d'argent, une organisation humanitaire avait été créée, l'OSED, Œuvre de secours aux enfants en détresse, pour laquelle le laboratoire consacrait annuellement six cent mille francs. Cette somme permettait de venir en aide à des enfants d'une trentaine de pays, comme le Sénégal, le Cap-Vert, le Vietnam, l'Inde, l'Égypte, le Maroc, et également les territoires palestiniens.

Au décès de leur père, les enfants Laffont ont vendu l'affaire à un groupe américain qui n'a pas jugé bon de poursuivre l'action humanitaire entamée. Christian Massaré m'en a parlé, et j'ai pensé que, d'une manière ou d'une autre, nous devions prendre le relais. Comment accepter de laisser ces enfants à l'abandon ? Il fallait sauver l'OSED.

J'ai estimé nécessaire d'en saisir la plus haute autorité de notre pays afin d'attirer son attention sur cette situation catastrophique au plan humanitaire. À l'Élysée, j'ai été reçu par un proche collaborateur du président de la République, qui m'a fait comprendre l'intérêt majeur que Jacques Chirac accordait à cette cause. Il m'a demandé de prendre contact avec le ministre de la Santé, ce que j'ai fait, et également avec les membres du Comité d'éthique scientifique qui entourait naguère les activités de l'OSED, regroupant les plus grands noms de la médecine française. Avec leur soutien, nous pourrons reprendre les opérations de l'organisation humanitaire. Je suis fier de contribuer à la poursuite d'une action qui permettra de sauver des milliers d'enfants, dans l'optique de cette pensée du Talmud que j'aime à répéter : « Sauver une vie, c'est sauver l'humanité entière. » Et nous sauverons l'humanité entière, car toutes les régions du globe sont concernées par les activités de l'OSED.

Grâce à l'appui de l'État, nous entrerons en relation avec des industries pharmaceutiques qui prendront la suite des établissements Laffont, désormais absents de la scène humanitaire. Je vais d'ailleurs, moi-même, m'investir personnellement dans l'organisation de ces secours en me rendant sur place pour estimer les besoins et remobiliser les équipes bénévoles qui attendent avec impatience que nous reprenions notre action.

Bien sûr, le travail à mener ne se situe pas seulement au bout du monde. Je poursuis mes activités sans jamais baisser les bras. Au moment où je termine cet ouvrage, je suis invité à représenter la France à Washington, à la convention annuelle de l'American Jewish Committee, la principale organisation juive des États-Unis.

J'ai découvert sur place un climat assez francophobe en raison des positions du président Chirac au moment de la guerre en Irak. J'ai cherché à calmer les esprits en affirmant avec force que les Juifs français avaient pour les États-Unis une profonde reconnaissance pour les avoir libérés deux fois des Allemands.

J'ai aussi exprimé fortement que la France n'était pas un pays antisémite, même s'il s'y déroulait des actes anti-juifs perpétrés par des excités qui, s'identifiant aux Palestiniens, s'en prennent indifféremment aux Juifs qu'ils rencontrent dans les rues ou les écoles de la banlieue parisienne.

À mon retour, le remarquable discours prononcé par Jacques Chirac le 22 mai 2003 à l'occasion du soixantième anniversaire du Crif a dissipé toute inquiétude.

– La République doit à tous ses enfants la protection de la loi, a affirmé le Président. L'antisémitisme est contraire à toutes les valeurs de la France. Il est insupportable. Les actes antisémites doivent être combattus sans relâche et punis avec la plus grande sévérité. Personne, en France, ne doit pouvoir être agressé à cause de son origine ou de sa religion. Dans notre pays, qui est celui des Droits de l'homme, personne ne doit souffrir pour ce qu'il est. Tous nos compatriotes, d'où qu'ils viennent, quelles que soient leur histoire ou leurs croyances, ont leur place dans cette maison commune qu'est la République française.

Au mois de juin suivant, à Vienne, j'ai fait partie de la délégation française à la Conférence de l'Organisation pour la sécurité et la coopération en Europe. J'ai évoqué l'antisémitisme, phénomène aujourd'hui planétaire.

Même les États-Unis ne sont pas à l'abri de cette lèpre. Lors de la guerre en Irak, le président George W. Bush a été critiqué pour avoir été prétendument influencé par les membres juifs de son cabinet et Robert Novak, célèbre commentateur de CNN, a appelé la guerre en Irak « la guerre de Sharon ». Par ailleurs, des sites Internet créés aux États-Unis développent une campagne antisémite et les autorités américaines refusent de les interdire en vertu de leur sacro-saint principe de la liberté d'expression garanti par le premier amendement de la Constitution. L'internationalisation des moyens de communication permet d'ailleurs à toute une population en France de suivre la télévision Al-Djazira, basée au Qatar, qui diffuse quotidiennement des émissions antisémites incitant à la haine raciale. Presque soixante ans après la Shoah, la culpabilité, la responsabilité et la honte ont tendance à s'effondrer, à s'effacer, pour permettre aux insinuations et déclarations antisémites de se réaffirmer. Le tabou est tombé, et certains se sentent de nouveau autorisés à se livrer à l'antisémitisme, soit verbal, soit même sous forme de violences physiques.

Cette inquiétude n'est pas le fait d'une imagination exacerbée ou d'une sensibilité démesurée, elle est fondée sur un développement effarant des actes antisémites : neuf en 1999, cent dix-neuf en 2000, cent soixante et onze en 2001, et sans doute plus de quatre cents en 2002. On a vu des personnes insultées, attaquées, molestées parce qu'elles osaient porter la barbe au menton et la kippa sur la tête, sans parler des synagogues que l'on a incendiées ou tenté d'incendier. Si certains s'obstinent à y voir les simples débordements d'une jeunesse inoccupée ou l'expression du mal-vivre des banlieues, je considère qu'il faut appeler un chat un chat : c'est de l'antisémitisme. Dans des quartiers dits difficiles, des immigrés venus d'Afrique du Nord ou d'Afrique noire, pour la plupart mal intégrés et en proie à l'islamisme intégriste, n'hésitent plus à exprimer leurs sentiments extrémistes.

Je crois que tout cela constitue un ensemble de faits qui ne peut laisser indifférent aucun Juif de France. Hélas, trop longtemps le gouvernement socialiste s'est montré aveugle et laxiste sur ce sujet. Ces actes se sont produits devant l'immobilisme et l'attentisme des pouvoirs publics. Une certaine peur semblait régner, et la communauté juive ressentait péniblement cette paralysie de l'autorité. Les Juifs n'étaient pas seuls à s'inquiéter, certains Français de confession catholique partageaient la même anxiété, surtout après l'incendie d'une église à Limoges et la menace de faire exploser la cathédrale de Strasbourg. Le gouvernement ne remplissait plus son obligation de protection des citoyens et des biens.

Daniel Vaillant, ministre de l'Intérieur, a laissé la situation se dégrader et pourrir. Pour quelle raison a-t-il agi ainsi ? Je n'en sais rien. A-t-il reçu des conseils afin d'éviter de parler de racisme et surtout ne pas faire de vagues ? A-t-il voulu se concilier ses électeurs du 18e arrondissement où réside une forte population maghrébine ? En tout cas, les socialistes n'ont rien fait contre la violence islamique, partant peut-être du principe que résident dans notre pays cinq millions de musulmans, et six cent mille Juifs seulement. S'il s'agissait d'un calcul politicien et stratégique, nos gouvernants d'alors ont commis une erreur : les Français d'origine arabe vont peu voter et ne se mobilisent guère pour un scrutin national; ce n'est pas vraiment dans leurs habitudes. Si le silence était, en revanche, l'expression d'une crainte de voir les esprits s'échauffer encore, je ne puis tolérer que la France sombre dans une peur panique et se résolve à fermer les yeux. Notre pays doit faire le ménage chez lui et ne jamais tolérer la moindre atteinte aux principes républicains. C'est une question de dignité et de courage.

Nous, dirigeants de la communauté juive, devons réclamer sans cesse une protection des pouvoirs publics. Dans ce but, j'ai rencontré plusieurs fois Daniel Vaillant. Mais quand je lui signalais qu'une synagogue venait encore d'être incendiée, il me répondait, fataliste et impuissant :

– Ce sont les mêmes qui incendient les voitures...

Quand je lui disais que, pour la première fois depuis soixante ans, des excités avaient crié « Mort aux Juifs » rue de Rivoli, à Paris, au cours d'une manifestation du parti communiste et du MRAP, le Mouvement contre le racisme et pour l'amitié entre les peuples, le ministre a haussé les épaules :

– Que voulez-vous que je fasse ?

– Arrêter les responsables !

– Comment puis-je les connaître ?

– Les Renseignements généraux savent très bien qui a proféré ces insanités et il n'est pas interdit de prendre des photos...

Voilà le genre de dialogue stérile que nous échangions.

Je n'ai cessé de dénoncer les actes antisémites, le laxisme du ministre de l'Intérieur et la passivité du gouvernement Jospin. Non seulement l'autorité n'a rien fait pour voir condamner les agresseurs, mais elle a encore demandé aux forces de l'ordre d'occulter le caractère raciste de ces actes... De hauts responsables de la police m'ont confié que le gouvernement Jospin avait volontairement banalisé ces violences pour éviter que cela n'entraîne des mouvements de mimétisme et des conflits avec la communauté juive. Mauvaises raisons. Il faut toujours combattre ouvertement le racisme. J'ai d'ailleurs alors écrit à Jacques Chirac une dizaine de lettres pour déplorer cette attitude. Il m'a régulièrement répondu qu'il comprenait ma position et qu'il condamnait ces actes de toutes ses forces.

Cela dit, même s'il y a des antisémites en France, la France n'est pas antisémite. La preuve : dans les années difficiles de la guerre, nous avons vu de nombreux citoyens se lever pour sauver des Juifs. La France a été le pays qui a connu le plus grand nombre de Justes. En fait, les actes antisémites sont réveillés aujourd'hui par le conflit du Proche-Orient. Certains jeunes croient témoigner leur solidarité avec les Palestiniens en agissant contre les Juifs. Mais, encore une fois, le fond de la population française n'a pas une vocation antisémite.

La journaliste Anne Sinclair s'est indignée que « certains » – certains, c'était moi – n'aient pas hésité à parler d'une « Nuit de Cristal » à propos des actes antisémites. Selon elle, il n'y aurait rien de commun entre un crime organisé par l'État et des débordements dus à une minorité... Pour moi, lorsque des fanatiques incendient en trois jours trois synagogues, à Marseille, Lyon et Strasbourg, ces flammes allumées par la haine me rappellent effectivement la Nuit de Cristal. Je persiste. Bien sûr, il ne s'agissait pas ici d'exactions planifiées et encouragées par un gouvernement, loin s'en faut, nous assistions plus simplement aux excès de petites bandes d'enragés, mais comment ne pas évoquer cette Nuit de Cristal de sinistre mémoire quand brûlent des synagogues ? Comment ne pas se sentir viscéralement replongés dans un temps où le Juif était offert à l'exécration des nations ?

En décembre 2001, j'ai écrit au président Chirac pour lui indiquer deux faits particulièrement inquiétants : d'abord le jeune rabbin de Rouen avait été molesté à la sortie de sa synagogue, et ensuite une projection spéciale du film *Harry Potter* au cinéma Paramount-Opéra, à Paris, au bénéfice d'une organisation juive pour le reboisement de la terre d'Israël, avait été annulée. En effet, le directeur de la salle, après avoir reçu des menaces anonymes, avait demandé la protection de la police, laquelle s'était contentée de répondre ne rien pouvoir faire. J'ai dénoncé ces faits, et Jacques Chirac m'a écrit pour me dire qu'il avait téléphoné lui-même au rabbin de Rouen afin de lui exprimer sa solidarité.

Ensuite, j'ai évoqué devant Daniel Vaillant le cas du cinéma menacé. Constatant qu'il avait commis une erreur, le ministre a finalement accepté de faire protéger les lieux. Malgré cela, la projection n'a pas eu lieu : le directeur, terrorisé par les intimidations et inquiet devant les atermoiements des forces de l'ordre, a renoncé à la location de sa salle.

En définitive, l'attitude de Lionel Jospin, étendue plus généralement à tous les problèmes liés à l'insécurité dans notre pays, fut une des causes de son échec aux élections présidentielles d'avril 2002, on le sait. Les Français ne s'y sont pas trompés. Le rétablissement de l'ordre républicain apparaissait urgent et nécessaire, et la prise en compte de cette exigence par Jacques Chirac explique en partie son succès : les garanties données et les promesses faites par la droite ont rassuré les citoyens dans leur ensemble.

Les élections n'ont pas tout résolu, hélas. Et les actes antisémites n'ont pas disparu comme par enchantement, même si, à la suite de la mise en place du gouvernement Raffarin, les prises de position du Premier ministre et du ministre de l'Intérieur pour réprimer très sévèrement tout acte raciste, les chiffres des exactions antisémites ont sensiblement faibli.

Dans une école de la région parisienne, le collège Albert-Camus de Brunoy, une élève d'un établissement juif est allée passer les examens du brevet. À la sortie, la jeune fille a été littéralement lynchée par cinq ou six adolescentes ! Elles l'ont insultée en la traitant de « sale Juive » et l'ont blessée grièvement en lui fissurant une vertèbre cervicale. Et cela s'est passé au vu et au su de la directrice du collège et de son adjointe, lesquelles n'ont pas levé le petit doigt pour intervenir. Les parents de la jeune fille ont porté plainte contre les deux femmes pour non-assistance à personne en danger. Le jugement est tombé : à ma grande stupéfaction, et celle de beaucoup d'autres, les deux accusées ont été relaxées ! De plus, le tribunal a condamné les parents de la jeune fille à une peine de quatre mille euros pour avoir intenté une action présentée comme « injustifiée ». Je suis profondément choqué, et cela prouve, s'il en était besoin, une réelle dérive du climat en France. Faut-il rappeler aussi les deux garçons de l'Hachomer Hatsaïr, organisation sioniste de gauche, violemment agressés en avril 2003 alors qu'ils participaient à une manifestation contre la guerre en Irak ?

Dans un livre récent, fruit d'expériences vécues, Emmanuel Brenner a évoqué ces « territoires perdus de la République [1] ». Il a donné la parole, entre tant d'autres témoignages, à un professeur de la Seine-Saint-Denis : « Il m'est arrivé d'avoir à faire face à ce genre de discours en classe, notamment depuis l'automne 2001 : " Les Juifs (et non les Israéliens dont ils parlent pourtant) tuent les enfants ", par exemple. D'une manière plus détournée, un enfant de sixième, alors que nous travaillions sur les Hébreux, affirma, en précisant que cette affirmation venait de son père : " Il y aura une guerre finale entre les musulmans et les Juifs et les Juifs seront détruits, c'est marqué dans le Coran. " Ou encore cet élève qui, lors du cours sur la Shoah, fait remarquer à toute la classe et à moi-même : " En fait Hitler, lui, il savait... " À ma question qui demandait ce que " Hitler savait ", il refusa de dire ce qu'il avait voulu exprimer. »

---

1. *Les Territoires perdus de la République, antisémitisme, racisme et sexisme en milieu scolaire*, sous la direction d'Emmanuel Brenner, Mille et Une Nuits, 2002.

J'ai parlé de ces faits inquiétants à Luc Ferry, ministre de l'Éducation nationale, et Xavier Darcos, ministre délégué pour l'Enseignement scolaire. Entourés d'un certain nombre de professeurs et de présidents d'université, ils m'ont demandé si j'avais une idée de ce qu'il fallait faire pour lutter contre ces excès. J'ai répondu que j'étais venu leur livrer des informations et non leur donner des conseils. Ils m'ont alors expliqué que, dans certaines classes, 80 pour cent des élèves sont d'origine maghrébine. J'ai répliqué que cela n'empêche en rien d'exclure un élève ou une élève coupable d'un comportement raciste. Mais, m'ont-ils rappelé, la scolarité dans notre pays est obligatoire jusqu'à seize ans, et, s'il était renvoyé d'un établissement, le jeune aurait le droit de se présenter aussitôt dans une autre école, qui l'admettrait sans aucun doute.

Je n'ai pas de leçons à donner à nos ministres, je peux seulement constater que toute une jeunesse souffre d'un déficit d'éducation. Trop de parents ont renoncé, trop d'enseignants ne parviennent plus à remplir correctement leur tâche. Bien souvent, il manque une autorité capable de guider les enfants.

Au lendemain de la deuxième Intifada et de la guerre en Irak, nous assistons dans certaines régions de France, notamment en banlieue parisienne, à une poursuite inquiétante de faits graves d'antisémitisme. Une véritable haine a été insufflée à des jeunes issus de familles du Maghreb ou d'Afrique noire, et ceux-là mêlent à leur détestation d'Israël comme nation un rejet du Juif comme individu. Certaines mères musulmanes de

France n'hésitent pas à appeler leurs nouveau-nés Oussama, en hommage à Ben Laden, et l'on a vu, lors des manifestations contre la guerre en Irak, poindre une « idéologie » récurrente où se confondent dans une soupe nauséabonde l'antisémitisme, le tiers-mondisme, l'antisionisme, l'antimondialisme... Sans vergogne, des excités d'extrême gauche en mal de combats et des Beurs en recherche de racines ont fait d'un Saddam Hussein gazeur de Kurdes la plus haute expression de l'identité arabe. En contrepoint, Israël se voyait chargé de tous les maux, responsable principal d'un monde déchiré.

Bien entendu, chacun est libre de critiquer la ligne suivie par le Premier ministre israélien, chacun garde la faculté de désapprouver les décisions d'Ariel Sharon, chacun peut appeler de ses vœux un autre gouvernement à Jérusalem et se prononcer en faveur de l'instauration d'un régime de gauche, voire d'extrême gauche. Mais l'antisionisme ne se veut pas un jugement porté sur la politique menée par l'État d'Israël, il se présente ouvertement comme une condamnation radicale et sans appel de l'*existence* d'un État juif. En ce sens, l'antisionisme est un antisémitisme. D'ailleurs, le pasteur Martin Luther King proclamait déjà, il y a une quarantaine d'années : « Tu déclares que tu ne hais pas les Juifs mais que tu es seulement antisioniste. Antisioniste signifie être antisémite et il en sera toujours ainsi. » En effet, l'antisioniste étend au niveau de la nation ce que l'antisémite applique à l'individu : une contestation même du droit à la vie. Toutes les nations sur terre auraient donc ce droit légitime à l'existence, sauf l'État juif. Chaque homme sur terre aurait donc ce droit légitime à l'existence, sauf le Juif. Dans cette logique abominable, la négation d'Israël aboutit à la négation du Juif.

Toutes mes actions – celles pour les Droits de l'homme, contre l'exclusion, pour le judaïsme et pour Israël – ont constamment pour cohérence la lutte acharnée et répétée contre les différentes formes de racisme. Or, pour l'avenir, il me semble que le combat le plus urgent à mener en France, le plus nécessaire aussi, sera de démonter cet engrenage absurde et dangereux qui mène de la contestation politique à la libération de la parole raciste.

Depuis la fin de la Seconde Guerre mondiale, l'antisémitisme se faisait généralement feutré, discret, honteux ; il a trouvé un nouveau souffle en se parant des couleurs de l'antisionisme. Il faudra tout mettre en œuvre pour parvenir à éteindre cette flambée d'obscurantisme qui s'en prend aux Juifs et à Israël sous couvert d'une pensée aux allures généreuses, apparemment tournée vers les peuples exclus de l'abondance, mais qui fleure les relents du plus classique antisémitisme.

En France, on reconnaît trois formes d'antisémitisme, dont sont responsables trois catégories d'extrémistes : les nationalistes, les néogauchistes et les islamistes.

– Les nationalistes agissent parce qu'ils ont pour vocation de dénoncer le mondialisme et le cosmopolitisme.

– Les néogauchistes dénoncent le capitalisme mondialisé.

– Les islamistes veulent lutter contre les intérêts des « judéo-croisés » qui seraient les ennemis diaboliques des vrais musulmans.

Trois extrémismes qui refusent le dialogue, le compromis, la réforme et n'ont pour objectif que de détruire. Pour eux, un contradicteur est un ennemi à éliminer. Dans cette optique, la cause palestinienne est devenue la cause commune de tous les extrémistes : une cause mythique et fantasmée, celle du peuple martyr par excellence.

Que l'on ne s'y trompe pas cependant, ce ne sont pas seulement les Juifs et Israël qui sont attaqués, ce sont également les principes républicains. Robert Badinter répète souvent que, « lorsque les Juifs sont menacés, la démocratie est en péril ».

Aujourd'hui, bien des Juifs français se montrent inquiets, et je suis profondément peiné d'entendre certains coreligionnaires me dire :

– Nous ne savons pas si nous pouvons rester en France, si nous pouvons y construire notre avenir...

Ces doutes, ces interrogations, ces inquiétudes me font mal. J'ai de l'ambition pour mon pays. Je souhaite qu'il reste une grande nation, qu'il trouve la force de n'accepter aucune compromission avec ceux qui cherchent à dénaturer sa vocation d'ouverture et de liberté. La France est ma patrie, j'ai toujours cru et je continue à croire en elle. J'ai un amour profond de la France, un amour que mes parents m'ont transmis. Quand j'étais tout gamin, à chaque 14 Juillet nous accrochions à nos fenêtres des drapeaux bleu-blanc-rouge, nous allions voir défiler l'armée et nous nous découvrions au moment où la bannière tricolore arrivait à notre hauteur... Aujourd'hui encore, lorsque je me rends sur les Champs-Élysées pour la Fête nationale, je suis étreint d'une intense émotion en voyant passer les forces françaises.

Plus que jamais il apparaît nécessaire et urgent d'établir un enseignement de la citoyenneté dans les écoles, d'éduquer les enfants selon les principes de tolérance, d'apprendre à des jeunes déboussolés le sens des valeurs républicaines.

Je sais que la France trouvera le ressort nécessaire pour mettre un terme à tous les excès de la haine, de l'ignorance et du fanatisme. Pour que la France demeure la France.

REMERCIEMENTS

En terminant ce livre, je tiens à exprimer ma profonde reconnaissance à toutes celles et tous ceux qui m'ont aidé et soutenu dans mes actions, sans eux rien n'eût été possible. Et d'abord mon épouse Nicole, mes fils, Daniel et François, dont l'amour et la présence m'ont permis de trouver la force de l'engagement, sans oublier la venue au monde de cinq petits-enfants qui ont dynamisé courage et espérance. Dans les différentes institutions que j'ai eu l'honneur et la chance de présider, j'ai trouvé des collaborateurs militants et enthousiastes. Au premier rang d'entre eux, Mme Jacqueline Keller, brillante directrice du Crif, que j'ai tant regretté de devoir quitter à la fin de mes mandats. M. Léon Masliah, ancien directeur du Consistoire central israélite, me fait toujours bénéficier de son expérience et de ses compétences, comme M. Frédéric Attali, l'actuel directeur du Consistoire central, et les vice-présidents, M. Zvi Ammar de Marseille et le Dr Joël Mergui de Paris. Je ne saurais oublier MM. Serge Cwajgenbaum, secrétaire général du Congrès juif européen, et Gérard Fellous, secrétaire général de la Commission nationale consultative des droits de l'homme. Je tiens enfin à rendre hommage à la mémoire des fidèles d'entre les fidèles, mes regrettés amis arrachés à ma chaude affection : à Paris, le Dr Marcel Goldstein, mon conseiller au Crif et bien plus encore; à Strasbourg, René Weil, ancien président de la communauté juive, et Henri Smolarski, mon vice-président et conseiller attentif.

TABLE

1. Premiers souffles 11
2. Au nom de la mémoire 33
3. La vocation juive.......................... 57
4. L'ombre de la Croix...................... 88
5. Guerres et paix 120
6. La place des Juifs 147
7. Barrage à l'extrémisme.................. 173
8. Les deux lumières.......................... 191
9. Les habits neufs du racisme 215
10. Un combat sans fin 233

Remerciements 251

Achevé d'imprimer en décembre 2003
sur les presses numériques de Bookpole
BP 12 - ZI Route d'Étampes - 45330 Malesherbes
http://www.bookpole.com
pour le compte des Editions Plon
76, rue Bonaparte
Paris 6e

N° d'édition : 19786 – N° d'impression : L03/03149L
Dépôt légal : septembre 2003

Imprimé en France